EXPOSITION

DES

BEAUX-ARTS APPLIQUÉS

A L'INDUSTRIE

SUPPLÉMENT AU CATALOGUE

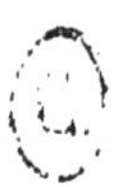

PALAIS DE L'INDUSTRIE

(CHAMPS-ÉLYSÉES)

EXPOSITION

DES

BEAUX-ARTS APPLIQUÉS

A L'INDUSTRIE

PARIS

ANCIENNE MAISON BÉNARD

SERINGE FRÈRES & POITEVIN

2, PLACE ET PASSAGE DU CAIRE, 2

Imp. Poitevin, r. Damiette

1863

DIVISION DU SUPPLÉMENT

1. Exposants nouveaux, rangés dans les classes et sous les numéros qu'ils eussent occupés dans le Catalogue.
2. Notices du Catalogue complétées ou modifiées.
3. Concours de peinture.
4. Concours de sculpture.
5. Concours pour le prix de la Chambre syndicale des artistes industriels.
6. Exposition des Écoles.
7. Musée rétrospectif.

1

EXPOSANTS NOUVEAUX

RANGÉS DANS LES CLASSES ET SOUS

LES NUMÉROS

QU'ILS EUSSENT OCCUPÉS DANS

LE CATALOGUE

EXPOSANTS NOUVEAUX

IV

72 bis **BRUNNER-LACOSTE** (Henri-Emile), peintre de fleurs, né à Paris, élève de MM. G. Brunner et E. Le Poittevin.

Rue de la Harpe, 49.

1. L'Automne, panneau décoratif.
2. Le Héron et l'Escargot, projet de panneau décoratif.
3. Fleurs.

72 ter. **CAMBON** (Charles-Antoine), artiste peintre décorateur, né à Paris, élève de Charles Cicéri.

Vingt-et-un cadres contenant des projets de décorations théâtrales.

81 bis **ESCALLIER** (Mme E.), artiste peintre.

Rue du Val-de-Grâce, 21.

Quatre éventails, sur soie et sur vélin.

91 bis GUILLOT (CLAUDE), peintre.

Place Dauphine, 12.

Tête de daim, panneau décoratif.

(Voir au Catalogue, n° 283.)

91 ter GUILLOT (EDOUARD), peintre, élève de M. Léon Cogniet.

Rue des Moulins, 21, *à La Chapelle*.

Trois paysages, représentant des sites du Bourdonnais, exécutés au moyen d'un procédé nouveau de peinture à l'huile applicable sur toute espèce de papiers.

94 bis HUGOT (EDOUARD-CHARLES), artiste peintre décorateur.

Rue des Messageries, 12, *faubourg Poissonnière*.

Le *Printemps*, panneau décoratif.

122 bis. Feu VOLLET (LOUIS), dessinateur pour l'ameublement.

Rue de la Chaussée-d'Antin, 37, *chez Mme Ve Vollet*.

Modèles de meubles du dix-neuvième siècle : bureau, buffet, commode, étagère, miroir, etc., etc., gravés par MM. Varin frères.

VII

140 bis CORNU (FRANÇOIS-THÉOPHILE), ébéniste.

Rue Neuve-Saint-Paul, 12.

Meubles en marqueterie, style Louis XVI, garnis de bronzes dorés.

141 bis **DECLERCQ** (Auguste), ébéniste.
Impasse Saint-Sébastien, 8 et 10.
Bureau-cylindre à deux corps.

155 bis **MARY** (Paul), ébéniste, fabricant de meubles anciens et modernes.
Rue d'Aval, 11.
Buffet-étagère.

VIII

178 GASTAMBIDE.
(Voir au Catalogue, n° 178).

201 bis **SUSSE** Frères, fabricants de bronzes d'art et d'ameublement.

Méd. d'arg. 1849., exp. nat., Paris. — Prize m dal, 1851, Londres. — Méd. 1re cl. 1855, Paris. — Méd. 1862, Londres. — Méd. d'arg. 1859, Marseille. — Méd. d'arg. 1858. Dijon. — Diplome d'honneur 1863, Nîmes.

Place de la Bourse, 1.

1. La toilette d'Atalante, réduite d'un dixième, d'après Pradier.
2. L'enfant au cygne, id.
3. Phryné devant l'aréopage, id.
4. Sapho, garniture de cheminée, id.
5. La mère des Gracques, id. id.
6. Jeune Fille pesant des Amours, d'après M. Lequesne.
7. Vasque en griotte et bronze doré, id.
8. Deux groupes d'enfants, porte-lampes, d'après Cumberworth.

9. Deux lampadaires, style grec, d'après Habert.
10. Le Génie de la chasse, d'après J. De Bay.
11. La Chasse au faisan, d'après M. Jules Moigniez.
12. La Vénus de Milo, réduction par Sauvage.
13. Lesbie, d'après M. Lequesne.
14. Bayard, figure équestre, d'après M. Marochetti
15. Napoléon 1er, figure équestre, d'après M. le comte de Nieuwerkerke.

211 bis CAUSSINUS.

(Voir au Catalogue, même numéro.)

IX

211 ter BERTRAND et SUBBINGER, orfèvres, successeurs d'Alexandre Gueyton pour la galvanoplastie.

Rue Barbette, 10, *au Marais.*

1 et 2. Aiguière et plat, d'après Fr. Briot.
3 et 4. id. id. d'après Lepautre, sculpté par M. Henry Droisy.
5. Pot à tabac indien, d'après le modèle de M. Blancheteau.
6. Coffret Renaissance.
7. Coffrets bysantins.
8. Coffret égyptien.

Et une série de porte-fleurs, cachets, briquets, tabatières, canettes et chopes, cadres pour la photographie; pots à tabac, etc.

216 bis GEFFROY et ROSSET, succ. d'Alex. Gueyton pour l'orfévrerie, la bijouterie et la joaillerie.

Council medal, 1855, Londres.— Méd. d'hon., 1855, Paris. — Méd., 1862, Londres.

Rue d'Alger, 10.

Orfévrerie et bijouterie d'art.

XI

237 bis **DEHASPE** (Célestin), peintre sur porcelaine.

Rue des Martyrs, 42.

1. Plat en faïence, avec *l'Automne* de Prud'hon, sur fond jaune et bordure fond bleu, ornée d'enfants dans une guirlande de vignes.
2. Plat fond bleu avec guirlandes de feuillages et de fleurs.

248 bis **LOEBNITZ** (Jules), successeur de la Maison Pichenot, fabricant de poëles et panneaux pour cheminées en faïence ingerçable.

Méd. de platine, 1843, soc. d'Enc—Méd. d'arg., exp. nat. 1844 et 1849. — Méd. 2e cl. 1855, Paris.

Rue des Trois-Bornes, 7, *et rue Pierre-Levée*, 4.

Calorifère en faïence, à forme hexagone, présentant sur ses six faces la *Danse*, la *Poésie*, *l'Art dramatique*, la *Peinture*, la *Sculpture*, *l'Architecture*, figures peintes, au-dessus desquelles se voient dans des médaillons les têtes de *Terpsichore*, *Apollon*, *Melpomène*, *Palymnie*, *Pygmalion*, *Minerve*.

254 bis **PULL** (Georges), maître potier, né à Weissembourg (Bas-Rhin).

Atelier fondé en 1856.

Méd. de br., exp. d'horticulture, 1859, Paris. — Méd. d'honneur 1859, Acad. agr., manuf. et comm. — Rappel en 1860. — Méd. d'arg. de 2e cl. 1860, soc. imp. et cent. d'hort. — Méd. 1re cl. 1862, id. — Méd d'arg. 1861, exp. des arts ind. — Rappel de méd. de 1re cl. 1863, soc. imp. et cent. d'hort. — Méd. d'arg. au concours céramique de Nevers.

Grande-Rue de Vaugirard-Paris, 244.

1. Grande vasque avec anses à têtes de bélier, modèle original dans le genre de Bernard Palissy.
2. Un plat et son aiguière, moulés sur l'original en étain de François Briot.
3. Plat original avec reptiles, coquilles et feuillages, genre Palissy.
4. id. avec tortue, petits poissons et feuillages, id.
5. id. avec lézard, papillons, fougères, et feuilles de lierre, id.
6. Plat aux cornes d'abondance, copie de l'exemplaire de Palissy, appartenant au musée du Louvre.
7. Plat de la Belle Jardinière, copie du Palissy du Louvre.
8. Deux Plats à jours, dits passoirs, avec mascarons, d'après Palissy.
9. Trois plats à jours, avec pâquerettes, d'après Palissy.
10. Plat ovale, avec baguettes et entrelacs, imité de Palissy.

11. Deux plats avec Neptune sur un cheval marin.
12. Deux plats avec ornements à jours.
13. Quatre plats, genre moresque.
14. La Vierge tenant l'enfant Jésus debout sur ses genoux, médaillon entouré d'une guirlande de fruits et de feuillages, d'après L. della Robbia.
15. La Nativité, plaque moulée sur un bronze florentin de la Renaissance, avec bordure originale.
16. Coupe-cuvette jaspée, avec les médaillons des douze Césars à la bordure.
17. Flambeau-applique, d'après un exemplaire de Palissy, du musée de Cluny.
18. Deux vases cache-pots, avec groupe de Bacchus et de Silène.
19. Deux vases-cornets avec figures.
20. Deux corps de lampes, genre moresque, exécutés pour Mme la baronne de Rothschild.
21. Deux corps de lampes, fond blanc, à têtes de béliers.
22. Deux petits cornets, genre moresque.
23. Deux porte-cigares, id.
24. Hure de sanglier, d'après le modèle de M. Fratin.
25. Deux flambeaux Renaissance, d'après l'exemplaire du musée du Louvre.
26. Deux flambeaux, Amours, sur pied original.
27. Pot à tabac avec renard guettant un poulailler, original.
28. Pot à tabac avec deux sirènes.
29. Deux sallières bouts-de table.
30. Cafetière, pot-à-lait, sucrier, deux tasses et deux soucoupes.

31. Deux supports avec mascaron, d'après un modèle du Louvre.
32. Deux supports avec amours.
33. Deux gourdes à têtes de béliers, avec médaillon de Diane au bain.
34. Gourde unie, jaspée.
35. Deux vide-poches, fond bleu lapis, avec ances à têtes de béliers.
36. Jardinière fond bleu, avec figures à gaine de femmes ailées pour anses.
37. Deux têtes de béliers, grandeur naturelle, d'après le modèle de M. Natte.
38. Piqueur au fusil; piqueur à la trompe; ramasseuse de gibier: statuettes faisant partie d'un surtout de table.
39. La Nourrice, d'après l'exemplaire de Palissy, du Louvre.
40. Le joueur de vielle, id.
41. Bacchus enfant, d'après Jean De Bay.
42. Encrier, chasse au canard, original.
43. Deux vases Médicis, dont l'un émaillé et l'autre en biscuit, exécutés pour M. Manguin qui a fourni le moule.
44. Les N°s 20, 26, 36 existent en double sur le dressoir Renaissance de M. Sauvrezy.
45. Une paire de vases Renaissance, genre Médicis, avec amours et mascarons, se trouve aussi dans l'exposition de MM. Jeanselme fils et Godin.

Dix-huit panneaux, genre moresque, pour intérieurs de cheminées, revêtement de poêle et lambris de salles à manger et salles de bain.

XIII

272 bis. DURET (Mademoiselle ERNESTINE), fleuriste.

Méd. 1re cl. 1861. — Ment. hon., exp. d'hortic. 1863, Paris.

Rue Royale-Saint-Honoré, 5.

Fleurs artificielles.

XIV

284 bis. THIBOUST jeune (EDMOND-LAMBERT).

Rue Notre-Dame-des-Champs, 56.

Deux chemins de la Croix, bas-reliefs en plâtre stéariné, cadres noirs.

XVII

313 bis. GAUTROT aîné, fabricant d'instruments de musique en cuivre, en bois et en cordes.

Maison fondée en 1827.

Méd. exp. nat. 1844, 1849, Paris. — Toulouse, 1845. — 1851, Londres. — 1855, Paris. — Méd. d'or, 1861, Châlons. — Méd. d'or, 1861, Nantes. — Méd. 1861, Londres.

Rue Saint-Louis, 60, *au Marais*.

Instruments de cuivre.

317 ter. SCHOLTUS, fabricant de pianos.

Rue Cadet, 9.

Pianos.

XVIII

328 bis. LAINE (Louis), fabricant.

Rue Dauphine, 25.

Nouvelles sallières, poivrières, etc., inversables, brevetées.

329 bis LE PAYEN (Henri).

Rue Dauphine, 6.

Poupées articulées.

XIX

344 bis CALLIER, horloger de la marine impériale.

Ment. hon. exp. nat. 1844, Paris. — Ment. hon. 1855, Paris.—Méd. d'or 1863, Nîmes. — Sorti 4e et 3e aux concours de la marine impériale.

Boulevard Montmartre, 22.

Pendules et montres universelles indiquant : la géographie, les longitudes, latitudes et heures de tous les points du globe, sans aucun calcul.

1. Pendule simple à balancier compensateur à mercure, avec thermomètres destinés à apprécier la température ambiante à l'intérieur de la pendule pendant les épreuves.
2. Pendule à compensateur à grille, thermomètre-Bréguet — mouvement à 1/2 secondes, échappement de Graham, à planisphère.
3. Pendule à deux cadrans : un à secondes fixes divisé en 12 heures, l'autre planisphère; balancier

compensateur se réglant à volonté à l'aide de deux vis de rappel.

4. Une montre de poche avec planisphère universel. cadran d'émail produit à l'aide de la photographie, couleurs vitrifiées.
5. Chronomètre de marine, actuellement au réglage, type de ceux que l'exposant fournit à la marine impériale.

350 bis **JAUGEY** (Louis), peintre-graveur.

Rue des Canettes, 11.

Machine à graver sur cuivre et sur acier, pour l'impression en taille-douce, applicable à la gravure des pierres dures, des médailles. des planches pour papiers peints et étoffes, et aussi à la ciselure des bronzes, etc.

XX

388 bis **MARQUIER** (Louis), photo-lithographe.

Rue du Luxembourg, 5.

1. Façade de Notre-Dame de Paris, photolithographie sur pierre.
2. Même façade, épreuve.
3. Le Concert champêtre, d'après le Giorgion du Louvre, photo-lithographie sur pierre.
4. Epreuve.
5. Porte de l'administration des écuries, au vieux Louvre; pierre.
6. Epreuve.

Portraits, meubles, vues, obtenus par le même procédé

393 bis **BRUN** (Maurice), photographe.

Rue Villedo, 10.

Albums photographiques.

402 bis **LAFFON** (Jean-Charles), photographe.

Rue Lord-Byron, 13.

Épreuves transparentes sur soie, et épreuves sur papier : reproductions des chefs-d'œuvre du musée Napoléon III.

404 bis. **MARLÉ**, photographe.

Boulevard Saint-Martin, 29.

Plusieurs épreuves photographiques, parmi lesquelles se trouvent celles de deux vases Louis XIV, exécutés par M. Hermann sur les dessins de M. Guichard et les reproductions de quelques-uns des meubles exposés par MM. Mazaroz-Ribailler.

407 bis **MULNIER** (Ferdinand), peintre-photographe.

Boulevard des Italiens, 25.

Vingt cadres contenant des portraits, dont plusieurs sont coloriés.

411 bis **THIBOUST** jeune et Ce, photographes.
(Voir au Catalogue, même numéro).

XXII

CURMER (Léon), libraire-éditeur.
(Voir au Catalogue, n° 413 bis.)

HANGARD-MAUGÉ, imprimeur-lithographe.
(Voir au Catalogue, n° 415 bis.)

2

NOTICES DU CATALOGUE COMPLÉTÉES OU MODIFIÉES

NOTICES DU CATALOGUE COMPLÉTÉES OU MODIFIÉES

II

17 bis. **MOIGNIEZ** fils (JULES), sculpteur, éditeur de ses bronzes, né à Senlis (Oise), élève de M. Paul Comolera.

Méd. 2e cl. 1858, Dijon. — Ment. hon., salon de 1859.— Méd. 3e cl., 1861, Metz.—Méd. 1re cl., arts ind., 1861, Paris.—Méd. 1862, Londres.

Rue Charlot, 48.

1. Chien braque arrêtant un faisan, bronze, grandeur naturelle.
2. Bélier mérinos, cire.
3. Chien épagneul, cire.
4. Chien braque, cire.
5. Emouchet, bronze argenté.

(Voir aux Bronzes, n° 190 du Catalogue.

49 bis PAUTROT, sculpteur, éditeur de ses bronzes.

Boulevard du Temple, 21, *et rue de Saintonge*, 67.

1. Renard pris au piége, plâtre.
2. Epagneul et sarcelle (trois grandeurs), bronze.
3. Braque et lièvre (id.).
4. Rale d'eau.
5. Mésanges.
6. Bergeronnette.
7. Pinson prisonnier.
8. Chien mignonnette.
9. Chèvre.
10. Groupe de trois renards.
11. Renard pris au piége.
12. Groupe de deux cerfs.
13. Renard et poule.

Plusieurs porte-allumettes à sujets divers: coq et renard, — chat et lapins, — poule et coq, etc., etc.

IV

89 bis. GUÉRINOT (Pierre-Hippolyte), fabricant de passementerie.

Rue Saint-Honoré, 73.

Franges, point de tapisserie représentant le dessin des étoffes. Brevet s. g. d. g.

VII

149. GROS (J.-L.-Benjamin), ébéniste.

Ment. hon., 1849, Paris.—Id., 1855, Paris. — Méd. 1862, Londres.

Meubles d'art de diverses époques décorés de marqueteries, genre Boule; de bois, genre Resuer; de mosaïque, imitation de Florence, ornés de bronzes ciselés, dorés.

1 Meuble, style Louis XVI, en bois de platane gris, frisé en bois d'amarante, avec paneaux des côtés en bois de tuya; paneaux de la porte en marbre onyx, couronnes en porcelaine incrustée et décorée, par Rivart; bronzes ciselés à la pointe et dorés au mât.

2. Console, style Louis XIV, avec cadre et glace, en ébène, garnie de bronzes ciselés et dorés.

3. Meuble à deux corps en marqueterie de trois tons, style Louis XIV; le corps du haut forme vitrine.

4. Encoignures de même style que la vitrine.

5. Meuble noir, garni de plaques mosaïque, imitation de Florence, avec bronzes dorés.

6. Meuble chiffonnier, style Louis XVI, plaqué en bois de citronnier, frisé en bois gris et amarente, garni de bronzes dorés.

7. Bureau en dos-d'âne, style Louis XV, en bois de satiné et amarante, avec bronzes dorés.

Divers petits meubles et étagères.

(Voir au Catalogue.)

156. MAZAROZ-RIBAILLER, fabricants de meubles d'art.

MAZAROZ (Paul), sculpteur, né à Lons-le-Saulnier (Jura), élève de M. Jouffroy.

Méd 1re cl. (sculpture), 1846, Dijon. — Méd. 1re cl. 1855, Paris. — Méd. d'or 1re cl.

1858. Dijon.—Méd. 1re cl. 1859, Bordeaux. — Grande Méd d'honn. or, 1860, Marseille. — Méd. d'or 1861, Nantes. — Méd. d'arg. 1re cl. 1861, Metz. — Méd. 1862, Londres. Méd. d'arg. de la commission impériale 1862, Londres.

Meubles en chêne sculpté:

Table à coulisses.
Grande table.
Chevalet.
Grand meuble grec.
Armoire à glace.
Table de salon soutachée.
Chaises de salle à manger de différents genres. — Escabeau.
Chaise Louis XIII. — Fauteuil Louis XIV, garni en tapisserie d'Aubusson.
Statue, d'après Clodion, avec pendule.
Bibliothèque, en bois de poirier, avec émaux et lapis-lazuli.
Meuble-caisse, en noyer d'Amérique, avec émaux.
Meuble de salle à manger, en chêne, avec laves peintes.
Meuble Renaissance, en noyer, à hauteur d'appui.
Meuble gothique anglais.
Chaise longue, style grec.
Fauteuil Louis XIV, garni en soie.
Lit Louis XV, peint.

(Les émaux des meubles de MM. Mazaroz-Riballier, ont été exécutés par M. Claudius Popelin).

VIII

187. LIONNET frères. Atelier fondé en 1854. Reproduction en galvanoplastie d'or, d'argent, de cuivre et autres métaux. Dorure, argenture et cuivrage de tous métaux, des bois, etc.

Ment. hon. 1855, Paris.

Rue de la Verrerie, 54.

Une paire de Coupes, d'après Benvenuto Cellini, augmentées du double de l'original.
Une paire de Coupes Benvenuto, grandeur de l'original.
Bouclier Henri VIII, d'après B. Cellini.
Une paire de Vases, d'après Clodion.
Une paire de Vases Médicis.
Casque moderne (Musée d'artillerie).
Buste de Diderot, par Houdon.
Pendule, sujet Pénélope.

199. ROLLIN. Atelier fondé en 1834.

Ment. hon. 1855, Paris. — Méd. d'arg. 1860, Troyes; id. 1861, Nantes. — Méd. 1862, Londres.

1. Iris, messagère des dieux, d'après le modèle de M. Hébert Fils, pendule bronze et onyx.
2. Les pêcheurs napolitains, d'après Falconnet, pendule, bronze vieil argent sur marbre griotte.
3. Rêverie, d'après M. Travaux, pendule, bronze vieil argent sur marbre griotte
4. Tigre et panthère, d'après M. Hesler, pendule, bronze platiné sur marbre noir.
5. Le moineau de Lesbie, d'après M. Warnier, pendule.

Plusieurs pendules genre Louis XVI, bronze doré mat, les unes ornées de porcelaines, les autres d'onyx.

(Voir au nº 199 du Catalogue.)

XI

237 **DECK** (Théodore), fabricant de faïences d'art.

Atelier fondé en 1858.

Faïences décoratives et architecturales, grands panneaux décoratifs et carreaux de revêtement pour salles à manger, salles de bains, etc.

Méd. br. 1861, Bruxelles.—Méd. d'arg., expos. des arts ind., 1861, Paris. — Méd. 1862, Londres. — Méd. d'arg. 1863, Nevers.

Boulevard Saint-Jacques, 46.

1. Partie d'un Pavillon exécuté pour M. X. L., à Marseille.
2. Panneau japonais, haut. 2m10, larg. 1m30.
3. Vase dit de l'Alhambra, haut. 1m10, exécuté par voie d'incrustation, en pâtes colorées (genre faïence Henri II).
4. Vase mauresque, haut. 1m10, décors sur fond bleu turquoise.
5. Vase arabe à émaux bleus cloisonnés.
6. Vase arabe à émaux cloisonnés polychromes.
7. Vase oriental à fond bleu turquoise, ornements en relief.
8. Une Vierge émaillée, haut. 1m10, d'après un modèle de M. Leharivel-Durocher.
9. Médaillon ovale, figure en bas-relief, d'après un modèle de M. Carrier-Belleuse.

46, 47, 48, 49. Panneaux décoratifs, composition et exécution de M. Ranvier.

50. Spécimen de carreaux, exécutés pour le salle de bain de l'hôtel de Madame la comtesse de Païva.

Plats, exécutés par Madame Escallier. MM. Braquemond, Th. Deck, Gluck, Hamon, Ranvier.

Vases, Jardinières, Coupes, Plats, Bouteilles, etc., décorés à fonds bleu turquoise et céladons craqueltés.

243 **GILLET** ET **BRIANCHON.**

Atelier fondé en 1855.

Méd. d'arg. 1859, Bordeaux. — Id. 1860, Besançon. — Id. 1860, Soc. d'Enc. — Méd. 1862, Londres.

Rue Fénelon, 7.

— Porcelaines nacrées, pâtes céramiques décorées au moyen d'émaux, imitant les nacres colorées et certaines pierres précieuses.

Laves et faïences décorées pour le bâtiment.

245 **M. HOURY (JULES).**

Rue du Faubourg-Saint-Martin, 105.

1. Vase faïence, fleurs, peint par M. Waguener, de Bruxelles.
2. Vase porcelaine, sujet d'après Salvator Rosa, peint par M. Ch. Houry, peintre d'histoire.
3. Vase faïence, sujet d'aprés Boucher, id.
4. Pot à tabac, ronde d'enfants, par M. Solon.
5. Petites coupes, animaux, d'après Ommeganck, peints par M. Démol.

6. Chope faïence, Amours, peinte par M. Waguener.
7. Id., id., sujet d'après Boucher, id.
8. Id., id., sujet mythologique, id.
9. Chopes, sujet id., peints par M. Ch. Houry.
10. Petite chope, sujet mythologique, par M. Waguener.
11. Bol faïence, genre Sèvres.
12. Corbeille, portrait de Raphaël, peint par M. Solon.
13. Bol faïence, sujet mythologique, peint par M. Démol.
14. Vase faïence, enfants, peint par M. Mirault.
17. Grande coupe, l'Automne, peint par Solon.
19. Cornets porcelaine, portraits, peints par M. Solon.
20. Buste biscuit, imitation de majolique, peints par M. Mirault.
21. Vase faïence, imitation de byzantin, id.
22. Id. porcelaine, portraits, par M. Solon.
23. Grand plat faïence, tête d'après Andreoli, peint par M. Ch. Houry.
24. Id., Josué arrêtant le soleil, d'après Raphaël, peint par M. Mathey.
25. Id., l'Amour et Vénus, peint par M. Solon.
26. Seaux faïence, sujet mythologique, peint par M. Ch. Houry.
27. Jardinières carrées faïence, portraits, par M. Solon.
28. Grande corbeille faïence, portrait de Rambrandt, peint par M. Solon.
46. Coupe porcelaine, Vénus sortant des ondes, peint par M. Ch. Houry.

47. Jardinière carrée, animaux d'après Ommeganck, peinte par M. Démol.
48. Bol faïence, ornements, par M. Waguener.
49. Vases porcelaine, fond bleu, enfant et fleurs, peints par M. Solon.
50. Coupe ronde faïence, Centaure, par M. Démol.
53. Vases porcelaine, portraits peints par par M. Solon.

(Voir au Catalogue.)

253 MONESTROL (Fortuné de), marquis d'Esquille, dit le Potier de Rungis.

Méd. d'arg., Soc. d'Enc. — Deux méd. d'or, Acad. nat. — Méd. d'or, Soc. libre des Beaux-Arts.—Méd. d'or, Athénée des Arts. —Méd. d'arg. et deux méd. d'or, Acad. des Arts et Métiers. — Deux méd. d'or, Soc. libre des sciences, arts et métiers. — Méd. d'arg., deux méd. d'or, Soc. des Arts. — Méd. d'or, Soc. des sciences industrielles.— Trois méd. d'arg., 1861, Nantes.

1. Palette complète de couleurs sur émail.
2. Spécimen d'émail stanifères.
3. Faïences hollandaises.
4. Faïences de Delft
5. Faïences italiennes.
6. Reflets métalliques de maestro Giorgio.
7. Email tendre sur porcelaine dure.
8. Sculpture polychrome, dite Bernard Palissy.
9. Imitation des pierres fines.
10. Pierres dites Monestrolithes.

255. ROUSSEAU (F.-Eugène).

Rue Coquillière, 41

1. Deux vases forme baril, pâtes rapportées, sujet : *Espérance et Regret*, de M. Milès.
2. Vase forme droite, sujet : *Éléonore d'Aquitaine*, tiré d'un manuscrit.
3. Porte-cigare porcelaine, pâtes rapportées, décor de feuilles et fleurs de tabac, sujet : *la Pipe et le Cœur, fumée!* de M. Milès.
4. Deux vases porcelaine tendre, fond vert, sujet : *la Foi, l'Espérance et la Charité*, émaux, d'après Hamon.
5. Deux vases, pâtes rapportées, sujets : *Question posée, — Question tranchée entre le Cœur et la Bourse*, de M. Milès.
6. Bénitier, pâtes rapportées ; au centre, dans le médaillon, le monograme du chrétien, d'après une forme du musée Campana.
7. Plaque, pâtes rapportées, sujet : *les Amours à la broche*, de M. Milès.
8. Plaque, pâtes rapportées, sujet : *la Montreuse d'Amours*, de M. Milès.

(Voir au Catalogue, même numéro.)

XII

260 **BITTERLIN** fils (Paul), peintre, graveur-verrier.

Rue de l'Ouest, 50.

1. Plafond de 26 mètres de superficie, entièrement gravé à l'acide fluorhydrique ; la glace du milieu a 4 mètres sur 2.
2. Fenêtre Louis XIV, gravée et peinte sur glaces.
3. Vitrail égyptien, gravé dans la masse, avec émaux rapportés.

4. Vitrail style treizième siècle, tout en gravure.
5. Fenêtre style persan : effets d'acide et d'émaux.
6. Glace gravée, style Louis XVI.
7. Glace gravée de 3m50 sur 2. Sujet allégorique réunissant les noms des souverains qui ont édifié le Louvre.
8. Effets de moirés à l'acide.
9. Vitrail de salle à manger : gravure et jaune à l'argent rapporté.
10. Vitrail style treizième siècle, tout en gravure.
11. Effets de damas sur verre en masse, gravure.
12. Echantillons divers.

N. B. — La glace employée par M. Bitterlin provient de la manufacture de Saint-Gobain. — Les verres de couleur de chez M. Pelletier, de Rive-de-Gier.

XX

373 JARDIN-BLANCOUD, graveurs.

FLUORIDE.

Gravure, par l'emploi de l'acide fluorhydrique, sur pierres dures, porcelaine, etc., avec émaux, dorure, nielles, damasquinure : industrie nouvelle pouvant s'appliquer à l'orfèvrerie, la bijouterie, la joaillerie, l'horlogerie, le bronze, la cristallerie, la typographie, etc.

Incrustations de métaux et d'émaux.

Gravure inaltérable sur onyx, porcelaine, cristaux, etc., de portraits, vues, chiffres, armoiries.

Vignettes en relief sur pierres dures pour l'impression typographique.
Gravure sur métaux : argenterie, cachets, timbres, matrices, poinçons, etc.
Incrustations pour l'armurerie.

(Voir au Catalogue.)

3

CONCOURS DE PEINTURE

4

CONCOURS DE SCULPTURE

5

CONCOURS POUR LE PRIX DE LA CHAMBRE SYNDICALE DES ARTISTES INDUSTRIELS

CONCOURS DE PEINTURE

(Deux Prix : l'un de 500, l'autre de 200 fr., fondés par la Commission d'organisation.)

---

1. BOSQUIER (CHARLES-JOSEPH), peintre-dessinateur.

Rue Rochechouart, 31.

Fruits et Fleurs, pouvant être reproduits soit en papier peint, soit en chromo-lithographie, soit en tapisserie.

2. COUSSEDIÈRE (JOSEPH-ÉTIENNE), peintre dessinateur.

Rue Neuve-de-la-Goutte-d'Or, 12 (18e *arrondissement*).

Projet de panneau pour tapisserie d'Aubusson.

3. FOULONGNE.

Rue du Bac, 83.

Râguini, muse des sons, et Saraswati, déesse de la musique.

(Voir le nº 84 du Catalogue.)

4. HENKEL (Fritz), dessinateur pour l'industrie.
Boulevard Beaumarchais, 73.
Motif d'ornement Louis XVI, dessin pour papier peint.

5. L'ALLOUETTE (Justin), peintre.
Rue Mayet, 24.
Roses offertes et acceptées, dessus de porte.

6. LATAPIE (Victor-Alfred), peintre.
Rue de Lancry, 55.
Le Génie des arts protégé par le Seigneur, panneau décoratif.

7. LOUSTAU (Mme Ve Maria), artiste peintre.
Rue de la Villette, 55, *Belleville*.
Une Rencontre, panneau décoratif

8 TABOUIN (Eugène), peintre.
Passage Saint-Bernard, 12, *faubourg Saint-Antoine*, 159.
Paysage suisse, effet de brouillard, peinture à l'huile.

9 THURNER (Édouard-Gabriel), dessinateur.
Rue de Clichy, 69.
Fleurs, panneau décoratif, gouache.

10 VASSELON (Marius), peintre.
Rue de Fleurus, 1.
Dossier de canapé, style Louis XVI, peinture à l'huile.

CONCOURS DE SCULPTURE

Deux prix : l'un de 500, l'autre de 200 fr., fondés par la Commission d'organisation.)

---

1 BUHOT (Charles).
Rue Neuve-Popincourt, 11.
Cadre, style de la Renaissance italienne.

2. CARRIER BELLEUSE (Albert).
Rue de la Tour-d'Auvergne, 13.
La lecture, motif de pendule Louis XVI.

3. CHERET (Joseph), sculpteur.
Avenue de Ségur, 39.
Le faucon et les pigeons, vase de fleurs, bas-relief plâtre.

4. COUSSEAU (Jean-Baptiste), sculpteur.
Rue de la Verrerie, 60.
Esquisse d'une fontaine, plâtre.

5. DARVANT (Alfred), sculpteur.
Rue de Rocroy, 19.
Vase de fleurs, terre cuite.

6. DENÉCHEAU (Séraphin), sculpteur.
Rue de La Rochefoucauld, 46.
L'ange gardien, projet destiné à la décoration du tombeau d'un jeune enfant, plâtre.

7. DEVERS (Joseph), sculpteur-peintre céramiste
Avenue de la Santé, 44, au Petit-Montrouge.
La Poésie et l'Art vivifiant la matière, vase, terre cuite.

8. DOUDEAU (Louis), sculpteur.
Rue de la Roquette, 186.
L'Inde pleurant sur le cercueil d'un de ses enfants, et consolée par la France; modèle en plâtre d'un bas-relief destiné à un tombeau, au cimetière de l'Est.

9 GONON (Eugène), sculpteur.
Rue Notre-Dame-des-Champs, 46.
Deux moineaux combattant, groupe, plâtre.

10 HÉBERT (Théodore), sculpteur.
Rue du Cherche-Midi, 86.
Jésus chargeant sa croix sur ses épaules, plâtre.

11 HINGRE (Louis), sculpteur, né à Ecouen (Seine-et-Oise).

George street, Clifton Place, Lozells, Birmingham (Angleterre).

Vase persan, plâtre.

12 LÉONARD (Alexandre), sculpteur.

Rue du Faubourg-Saint-Antoine, 218

Les poules et la pâtée, plâtre.

13 MALINGRE (Charles), sculpteur.

Rue Eblé, 17.

Marchande d'amours, groupe, plâtre.

14 MARTENS (Jean-Baptiste), sculpteur.

Rue Saint-Médard, 9.

Baigneuse.

15 MONESTROL (Fortuné de), marquis d'Esquille.

A Rungis (Seine).

Tête de jeune femme vue de profil, médaillon moulé en monestrolithe.

16 OSMONT (Gustave d'), sculpteur.

Bacchus enfant, terre cuite.

17 PAUTROT (Ferdinand), sculpteur.

Rue du Temple, 21.

Chasse au faisan.

18 **THABARD** (ADOLPHE), sculpteur.
Rue de Ménilmontant, 115.
Jeune fille portant une urne, figure composée pour torchère ou candélabre.

19 **THIAUCOURT** (PROSPER), sculpteur.
Rue de Trévise, 16.
Nymphe jouant avec un bouc, terre cuite.

20 **VANCLEF** (PIERRE-FERDINAND), sculpteur.
Rue Neuve-des-Petits-Champs, 83.
Christ en croix, plâtre.

21 **VANNIER** (VICTOR), sculpteur.
Rue du Cherche-Midi, 42.
Vierge bysantine avec l'Enfant Jésus.

CONCOURS POUR LES PRIX DE LA CHAMBRE SYNDICALE DES ARTISTES INDUSTRIELS.

(Deux prix : l'un de 200, l'autre de 100 fr., offerts aux dessinateurs pour étoffes.)

1. **BOISSIER** (Louis), dessinateur.
   Rue de la Barouillère, 8.
   Dessin pour châle broché.

2. **CHOUQUET** (Eugène), dessinateur.
   A Soisy.
   Dessin pour foulard.

3. **LAMULLE** (Alexis), dessinateur.
   Rue des Petits-Hôtels, 34.
   Dessin pour étoffes.

4. **THEVENET** (Émile), dessinateur.
   Rue des Acacias-Montmartre, 4.
   Esquisse de jupe pour dentelle noire.

6

EXPOSITION DES ÉCOLES

PARIS

ÉCOLES MUNICIPALES

SPÉCIALEMENT CONSACRÉES A L'ENSEIGNEMENT DES ARTS DU DESSIN

I

543 **Ecole municipale de Dessin et de Sculpture, dirigée par M. Lequien père.**

Rue de Ménilmontant, 10.

☼ 25 Décembre 1862.

Fondée en 1835, cette École est ouverte tous les jours, de 7 à 10 h. du soir, aux Ouvriers et aux Apprentis dont la profession relève spécialement des arts du dessin et de la sculpture. Dès sa création, la réunion des fabricants de bronzes prit l'École sous son patronage, et pendant plusieurs années lui accorda une légère subvention. En 1838, le Conseil municipal, sur le rapport de sa commission, accorda à l'École une subvention de 2,000 fr. ; quelque années plus tard, cette subvention fut portée au chiffre de 3,000 fr. Depuis dix années, l'éclairage de l'École est porté au budget de l'Administration municipale.

La rétribution exigée des élèves est de 3 fr. par mois; ceux qui appartiennent à la fabrication du bronze sont admis pour 2 fr. par mois. Soixante élèves envoyés par les mairies sont admis à titre gratuit.

Au commencement de la présente année, le nombre des élèves inscrits depuis la fondation de l'École était de 6,500, dont les différentes professions peuvent se classer ainsi :

Ciseleurs.
Monteurs.
Ebénistes.
Bijoutiers.
Marbriers.
Lithographes.
Graveurs sur métaux.
Graveurs sur bois.
Orfèvres.
Dessinateurs pour papiers peints.
Dessinateurs pour étoffes.
Sculpteurs pour le bâtiment.
Sculpteurs pour l'industrie.
Sculpteurs sur bois.
Peintres sur porcelaine.
Peintres décorateurs.
Tapissiers.

La moyenne de l'âge des élèves est de seize ans; la durée du temps que les élèves restent à l'École est, en moyenne, de trois années; l'exception est de quatre à six et même huit années pour ceux dont la profession se rapporte plus directement à l'Art.

Les commençants travaillent d'après les modèles dessinés ou lithographiés, puis d'après la bosse et d'après nature, s'ils persistent dans leurs études.

L'École a reçu des encouragements de diverses sociétés :

Société pour l'instruction primaire.
Société des Beaux-Arts.
Société d'encouragement pour l'industrie nationale.

A la suite de la dernière exposition de Londres, la Société des fabricants de bronze, dans sa dernière réunion, a décerné une médaille d'honneur à l'École. Cette société, sur la présentation du directeur de l'École, accorde des prix à ceux des élèves qui se distinguent par leur assuidité et leurs progrès; ces prix leur sont distribués en même temps que les médailles accordées par la Ville de Paris.

A l'exposition de Londres, le jury anglais a décerné neuf mentions honorables aux élèves dont les noms suivent:

Brossard Godard, Wagner fils, Irle, Révillon, Herfort, Dessart, Demichel, Lazellas.

Ouvrages exposés.

43 Morceaux de sculpture :

Figures, d'après nature............ 6
Id. d'après l'antique et divers autres styles. 37
100 études : figures, ornements d'après la bosse........................ 65
Dessins d'après nature, Têtes et Extrémités. 35
Etudes, Fleurs, d'après nature, en noir et en couleurs..................... 4
Croquis d'après les maîtres, aux crayons noirs et blancs, et en couleurs...... 9

NOMS DES ÉLÈVES QUI ONT SIGNÉ LES TRAVAUX EXPOSÉS:

Classe de Sculpture.

Baron, sculpteur-marbrier.
Dufour, ciseleur.
Forgemolle, sculptenr.
Godin, sculpteur-ébéniste.

Herfort, graveur sur métaux.
Irle, ciseleur.
Jansse, orfèvre.
Moinot, marbrier.
Ninette, id.
Paditz, sculpteur sur bois établi à Berlin.
Révillon, sculpteur.
Samson, id.
Sauvageau, id.
Schleicher, sculpteur-marbrier, établi à Berlin.
Sens, orfèvre.
Treisonnière, ciseleur établi à Anvers.
Vieillot, sculpteur sur bois.
Zœger, graveur sur métaux.

Classe de Dessin.

Adam, décorateur.
Baschet, dessinateur pour papiers peints.
Ballavoine, dessinateur id.
Berthet, peintre.
Brossard, id.
Brunner, dessinateur.
Daigue (aîné), ébéniste.
Daigue (jeune), id.
Demichel, peintre sur porcelaine.
Desmonts, décorateur.
Dessarts, peintre sur porcelaine.
Gairaut, décorateur.
Godard, dessinateur.
Godon, décorateur.
Gontier, graveur sur verre.
Grattel, décorateur,
Krogh, dessinateur pour étoffe.
Lazellas, peintre sur porcelaine.
Legay, décorateur.
Lemaire, peintre.
Lemonnier, peintre sur porcelaine.
Lesage, dessinateur.
Lhotellier, graveur.
Marie Lequien, id.
Mesnard, dessinateur.
Meunier, sculpteur sur bois,
Neveu, dessinateur pour papiers peints.
Pache, employé.

Périchon, graveur sur bois.
Piecq, lithographe.
Pipart, peintre.
Poulet, dessinateur pour papiers peints.
Rendelmann, décorateur.
Révillon, sculpteur.
Sagel, bijoutier.
Salmon, dessinateur pour papiers peigts.
Sauvageau, sculpteur.
Soderlund, décorateur.
Trayer, lithographe.
Vengent, ciseleur-bijoutier.
Wagner, dessinateur sur papiers peints.
Warnemünde (aîné), ébéniste.
Warnemünde (jeune), id.

II.

524. **Ecole municipale de Dessin et de Sculpture**, dirigée par M. Eugène Lavasseur, peintre, né à Paris, élève medailliste de l'Ecole impériale des Beaux-Arts et de M. Monvoisin.

Méd.. 1862, Londres.

Rue Volta, 37.

En 1835, MM. Ferdinand, Alexandre Dupuis et M. Caillouet ont ouvert des Cours gratuits pour les ouvriers. La Ville ayant reconnu l'utilité de ces Cours, le Conseil municipal vota à chacun une subvention de 3,000 fr. par an, le loyer et le matériel étant à la charge du directeur de l'Ecole. M. Dupuis (Ferdinand) fonda celle de la rue Volta. Ils furent tenus de recevoir 60 élèves gratuits, et décidèrent que chaque élève, passé ce nombre, paierait une rétribution de 2 fr. par mois. Les Cours avaient lieu les lundis, mercredis et vendredis, de 8 à 10 heures du soir. Telles furent les conventions arrêtées à la fondation de l'Ecole.

M. Dupuis étant décédé en 1852, l'Ecole fut laissée à sa veuve, qui fit continuer les Cours, par des professeurs qu'elle payait, jusqu'au mois de juillet 1854, époque à laquelle M. Levasseur fut nommé directeur. Quand il entra en fonctions, l'Ecole était suivie par 50 élèves au plus; depuis qu'il la dirige, il y a toujours en moyenne de 180 à 200 élèves.

L'on y dessine la figure et l'ornement d'après la copie et d'après la bosse, les fleurs et les plantes d'après nature, le paysage et les animaux, en un mot tout ce qui peut s'appliquer à l'art industriel. Il y a une classe spéciale de modelage pour les sculpteurs.

Les Cours ont lieu tous les soirs, de 8 à 10 heures. Les élèves non boursiers paient 3 fr. par mois.

La moyenne de l'âge des élèves est de 15 à 25 ans.

Les professions principales sont : graveurs en tous genres, sculpteurs, bijoutiers, orfèvres, ciseleurs, peintres en décors, pour éventails, sur porcelaine, dessinateurs industriels, dessinateurs pour papiers peints, pour étoffes, pour châles, dessinateurs lithographes, écrivains lithographes, monteurs en bronze, tapissiers, etc.

Les travaux des élèves de l'Ecole ont été admis à l'Exposition de Londres (section de l'Enseignement). Le directeur a obtenu une médaille, et quatre élèves on obtenu des mentions; ce sont MM. Huguenin et Raunet pour le dessin, Hiolle et Morizot pour la sculpture.

Ouvrages exposés.

16 Morceaux de sculpture :

Figures et têtes, d'après nature....... 4
Id. d'après la bosse, figures....... 9
Id. ornements........ 3
Dessins, estampes, d'après la bosse, figures, têtes et ornements.......... 40
D'après nature, figures d'académie et portraits......................... 4
Dessins de plantes d'après nature...... 12
Id. peintes à la gouache, papier peint......................... 2

NOMS DES ÉLÈVES QUI ONT SIGNÉ LES TRAVAUX EXPOSÉS :

Classe de Sculpture.

Morizot, ferblantier... .... 37 ans.
Beaucerf, fabricant de nécesssaires... 23 id.
Surges, graveur en camées.......... 18 id.
Hann, graveur en pierres fines...... 19 id.
Berthelot, orfèvre.................. 18 id.
Portier, bijoutier............. ..... 23 id.
Hiolle, sculpteur................... 20 id.
Raine, orfèvre...................... 35 id.

Classe de Dessin.

Fuchs, peintre sur porcelaine........ 20 id.
Lelong, dessinateur pour papiers peints. 22 id.
Baron, dessinateur industriel........ 22 id.
Duval (Jules), peintre décorateur.... 21 id.
Duval (Arsène), id. id........ 20 id.
Champagne, sculpteur............... 21 id.
Kastli, dessinateur industriel........ 19 id.

Gaulier, id. id	19	id.
Bruck, graveur en taille douce	19	id.
Rommel, découpeur en marquetterie	21	id.
Gilbert, peintre décorateur	16	id.
Hermant, dessinateur lithographe	17	id.
De Ligny, peintre sur porcelaine	18	id.
Morizot, ferblantier	37	id.
Schmitt, graveur en pierres fines	18	id.
Huguenin, dessinateur pour papiers peints	23	id
Raunet, fabricant de cannes	21	id.
De Borchgrave, peintre en décors	26	id.
Habert, peintre en décors	21	id.

III

544 **École municipale de Dessin et de Sculpture**, dirigée par M. Lequien fils, sculpteur, élève de son père.
Rue de Chabrol, 18.

Cette École, fondée en 1835 et dirigée depuis 1854 par M. LEQUIEN fils, est ouverte tous les soirs, pendant toute l'année, de 8 à 10 heures, et est fréquentée par 180 élèves répartis dans les professions suivantes.

Sculpteurs ornemanistes et sur bois	30
Dessinateurs pour étoffes et pour papiers peints	25
Peintres sur porcelaine et décorateurs	28
Graveurs sur bois et sur acier	10
Lithographes	12
Bijoutiers	11
Elèves architectes	6
Ebénistes	12
Menuisiers	10
Serruriers	6
Elèves sans profession	30
	180

L'enseignement de l'École comprend :

1. L'étude du dessin de la figure.

D'après l'estampe, d'après la bosse, d'après le modèle vivant.

2. L'étude du dessin de l'ornement.

3. L'étude du dessin de fleurs.
D'après l'estampe et d'après nature.

4. L'étude du modelage.
Figure et ornement.

5. L'étude du dessin géométrique.
1° Construction graphique de divers problèmes de la géométrie plane.
Applications : dallage, carrelage, bordure, etc.
2° Etude des proportions.
Applications : divers assemblages des bois, pans de bois, combles, planchers, escaliers, plans de bâtis ments, épures de coupes de pierre, découpage de métaux en feuilles.
3° Elément d'architecture : lavis.

Ce cours est professé par M. Hennerik, ingénieur, ancien élève de l'École centrale.

La rétribution mensuelle est fixée à trois francs.

Soixante places sont données gratuitement par l'administration municipale.

Un concours à lieu chaque année, suivi d'une distribution de médailles données par S. M. l'Empereur et la ville de Paris. Le 9e bataillon de la garde nationale accorde de nombreux encouragements à l'École, et y envoi des élèves qui sont reçus gratuitement.

En 1861, la société d'encouragement, sur le rapport de M. Barre, graveur général des monnaies de France, a accordé à M. J. Lequien fils, une médaille d'argent, et en 1862 le Jury international de l'exposition de Londres lui a décerné une médaille pour les résultats obtenus dans son école. Quatre élèves de cette école ont obtenu des mentions honorables; ce sont :

MM. Philippe, sculpteur sur bois.
Bin, sculpteur ornemaniste.
Bertemet, peintre décorateur.
Sieffert, peintre sur porcelaine.

Ouvrages Exposés

30 morceaux de sculptures.—Figures et ornements.

Sculptures sur bois, ornements		10
Id.	plâtres, figures d'après nature	3
Id.	plâtres d'après l'antique	11
Id.	id. d'après la gravure	1
Id.	id. ornements	3
Id.	pierre d'après nature, fleurs	1
Id.	morceaux d'architecture	1

2 études. — Peintures.

1 peinture sur porcelaine		1
1 id.	d'après la bosse	1

16 dessins au lavis................ 16

52 Études. — Figures, Ornements, d'après nature et d'après la bosse.

Dessins d'après nature.
Académies et têtes........................ 6
Dessins d'après la bosse.
Académies et têtes........................ 19
Groupes d'après la bosse et d'après nature (fig. et ornements........................... 4
Ornements, dessins.
D'après la bosse......................... 23

10 études. — Fleurs d'après nature.. 10

Total............. 110 ét.

NOMS DES ÉLÈVES QUI ONT SIGNÉ LES TRAVAUX EXPOSÉS :

Dans la classe de sculpture.

MM. Bin (Louis), 20 ans, sculpteur-ornemaniste.
Buzenet, 21 ans, mouleur.
Hutin, 35 ans, sculpteur ornemaniste.
Pascal, 22 ans, sculpteur.
Philippe, 25 ans, sculpteur sur bois.

Dans la classe de dessin de figure.

MM. Borteaux, 19 ans, peintre décorateur.
Baranton, 20 ans, graveur en taille-douce.
Fontaine, 19 ans, dessinateur pour étoffe.
Fournier, 25 ans, peintre sur porcelaine.
Leroy, 21 ans, id.
Sieffert, 21 ans, id.

Dans la classe de dessin d'ornement, d'après la bosse.

MM. Bin, déjà nommé.
Bourgogne, 24 ans, peintre décorateur.
Naulot, 20 ans, sculpteur sur bois.
Royer, 21 ans, ciseleur.
Sauvagère, 23 ans, sculpteur ornemaniste.

Classe de dessin de fleurs, dessins d'après nature.

MM. Bourgogne, déjà nommé.
Fontaine, déjà nommé.

Classe de dessin géométrique.

MM Bineaux, 19 ans, élève architecte.
Chocat, 17 ans, id.
Lenaour, 24 ans, employé.

IV

124 bis. École municipale de dessin pour les jeunes personnes.

Rue Volta, 37.

Cette École est dirigée par Mme Levasseur, depuis le mois de juillet 1856: elle a été fondée par Mme Dupuis, il y a à peu près vingt-trois ans. Les cours ont lieu les lundis, mercredis et vendredis, de 1 heure à 4 heures ; il y a des places gratuites, et la rétribution pour les élèves payantes est de 2 francs par mois.

On y dessine la figure et l'ornement d'après la

copie et d'après la bosse, les plantes et les fleurs d'après la copie et d'après nature; le paysage, d'après les maîtres et d'après nature; en un mot, tout ce qui peut s'appliquer aux arts et à l'industrie.

La moyenne de l'âge des élèves est de douze à vingt-cinq ans. Les professions principales sont :

Artistes en cheveux, peintres sur porcelaine, peintres en éventails, coloristes, graveurs sur bijoux, graveurs en taille-douce, dessinateurs et écrivains-lithographes, dessinateurs pour broderies, institutrices. etc.

Ouvrages exposés.

16 Dessin, têtes d'après la bosse.
3 Id., plantes, crayons noir et blanc.
6 Peintures d'après nature.
1 Paysage en cheveux.
9 Dessins d'ornements, académies, têtes, aux crayons noir et blanc, papier teinté.

Ont signé : Mesdemoiselles Lucine Lefoye, et Ernestine Lariotte, artistes en cheveux; Sophie Bouvet graveur et artiste lithographe, Victorine Ballossier, peintre lithographe, Fanny Lebreton, peintre en éventails, Marie Challondes, peintre sur porcelaines, Claire Varin, graveur en taille douce, Madame Simiane, peintre et pastelliste, Francine Ducrot, Marie Collet, Albertine Edard etc.

V

522 **Délégués de l'Ecole impériale spéciale de dessin.**

4 dessins, compositions de stores, meubles et ornements sur papier teinté, crayon noir rehaussé de blanc.

1 gravure sur bois, signée Grillière.

2 dessins d'agrément, signés Grillière et G. Maincent.

1 dessin imitation de gravures à la plume, signé V. Dieudonné.

4 dessins d'agrément dans un même cadre, sur papier blanc et à la pierre noire, animaux, figures et fleurs ; compositions et dessins, signés Levy (Louis).

536 **Délégués de l'Ecole impériale spéciale de dessin.**

12 dessins, études à plusieurs crayons, d'après la bosse ou des dessins de bosse, (non désignés), études académiques, portrait, figures (non désignés comme compositions ou copies) plantes, cuve baptismale sur papier teinté, au crayon noir rehaussé de blanc.

Ont signé les élèves : Marcal (Stanislas), L. Boutelié, J. Jacquet, G. A. S. et autres.

ÉCOLES LAÏQUES
SPÉCIALEMENT CONSACRÉES A L'ENSEIGNEMENT
DES ARTS DU DESSIN

VI

506 **École de dessin, de peinture et de modelage**, dirigée par M. Réné Zink, peintre professeur, élève de l'École des Beaux-Arts.

Rue Sainte-Élisabeth-du-Temple, 14.

Pour les demoiselles : les lundis, mercredis et vendredis, de 4 à 6 h. précises.

Pour les jeunes gens : les lundis, mercredis et vendredis, le soir de 8 à 10 h. précises.

49, *Grande-Rue des Batignolles*, (17e arrondissement).

Pour les jeunes gens : les mardis, jeudis et samedis, le soir, de 8 à 10 heures précises.

Préparation au concours d'admission des Écoles des Beaux-Arts et Polytechnique.

Le professeur assiste scrupuleusement aux deux heures de travail.

Travail :

1° Dessin linéaire et perspective d'après des reliefs ;

Dessin ou modelage :

2° Fleurs,
3° Paysage,
4° Ornement, d'après la bosse,
5° Tête, id.
6° Figure en pied, id.
7° Compositions.

Dessin d'architecture.
Dessin industriel.

Prix du cours :

3 francs par mois, rue Sainte-Élisabeth.
5 francs par mois, Grande-Rue des Batignolles.

Leçons particulières.

Ouvrages Exposés

36 dessins : figures, têtes, animaux, ornements, détails, dont un certain nombre paraît dessiné d'après nature et d'après la bosse ou des dessins de bosse ; le reste d'après les modèles publiés, papier blanc, crayon noir et estompé.

4 Cadres de dessins de bijouterie et de figures de perspective géométrique et pittoresque. Ont signé ces divers dessins, les élèves : Monnot, Maillard, Varanne, Mlle Dotin, Fraysse (joaillerie), Davis, Mlle Vigneron, Coste (deux compositions d'ornement), Bonnias, Gralet, Foudrier (fruits en couleurs).

5 Petites pièces en plâtre, figures, têtes et chandeliers par l'élève Ferrand.

15 Pièces en plâtre et argile, figures et ornements, signés des élèves, Fraysse, Peconnet, Peslerbe, Jacquet, Potier, Antoine.

VII

508 **Ecole de dessin de la rue de Pontoise, 21,** dirigée par M. Fauvel.

29 dessins sur papier teinté, aux crayons noir et blanc, têtes, ornements, figures, copies des modèles publiés.

Ont signé ces copies, les élèves J. Grossat, Gasnier, Ulysse, etc.

VIII

531 **Ecole professionnelle et préparatoire aux Beaux-Arts et aux Arts Industriels,** dirigée par M. Tissier.

Rue du Faubourg St-Martin, 37.

15 dessins : études de machines fixes, horizontales et verticales ; détails de pignons, d'articulations de bielle, — d'excentrique, — de constructions en bois et fer, au trait et au lavis coloré, d'après les modèles publiés.

29 dessins d'architecture classique et autres, projets, épures, topographie, perspective linéaire et pittoresque, d'après les modèles publiés ou inédits.

20 feuilles d'études au trait, cours d'architecture : coupes de pierres accompagnées des

pièces en plâtre ; coupes du bois, accompagnées des pièces en bois, faitages et autres ; fragments d'engrenages, de pignons et de communication de mouvement, accompagnés des pièces en nature.

10 dessins : têtes, figures et ornements d'après nature et d'après la bosse.

14 peintures : tête d'après nature, figures, animaux.

Fruits, paysages, etc., copies d'ouvrages connus.

8 dessins, petites études : portraits d'après nature, papier teinté, crayons noir et blanc.

Ont signé ces copies et ouvrages, les élèves Mathieu, 17 ans 1/2, Mme Ferrière, Pilloud, Brizard, E. Lieux, 16 ans 1/2, Lucot, Caron aîné, Guery, Stocky, tapissier; Rouley, 16 ans, P. Emmel.

IX

546 **Ecole spéciale de dessin appliqué aux arts industriels, pour les jeunes personnes**, dirigée par Mademoiselle Henriette Léclusе, sous le patronage de M. le maire du XVIIe arrondissement.

Impasse Saint-Louis, 3 (*Batignolles-Paris*.

La figure, *les fleurs* et *l'ornement* forment les bases principales des études qui sont suivies dans cette école. Les jeunes filles qui veulent deveni, *peintres*, *graveurs*, *lithographes*, *ornemanistes*, *éventaillistes*, celles aussi qui désirent *colorier* et corriger des *photographies*, dessiner et colorier des cartonnages, etc., etc., peuvent acquérir dans cette école l'instruction nécessaire au but qu'elles se proposent.

Un certain nombre d'élèves sont admises gratuitement. Les autres le sont moyennant 3 francs par mois.

Les cours ont lieu les mardis, jeudis et samedis, de 1 heure à 4 heures.

Études :

1. Elément du dessin.
2. Etude de la tête, d'après l'estampe.
3. Etude de la tête d'après la ronde-bosse.
4. Etude de l'ornement d'après l'estampe.
5. Etude d'ornement d'après la ronde-bosse.
6. Etude de la figure drapée d'après l'estampe et d'après l'antique.
7. Pastels, figures, fleurs, animaux.
8. Paysages d'après l'estampe.
9. Eléments de perspective.
10. Peinture à l'huile et mignature.

Ouvrages exposés.

15 Peintures.
4 Figures.
5 Fleurs et fruits, éventail.
6 Mignatures sur porcelaine et autres.
13 Dessins sur papier teinté, aux crayons noir et blanc, d'après les modèles publiés.

Ont signé ces ouvrages, Mlle Lécluse, professeur, exposant au milieu de ses élèves, et Mlles Marie Boutrou, 14 ans, Pauline Bouziat, 15 ans, Anna Pitolet, Angèle Lasnier, Angèle Collas.

(Voir au Catalogue, n° 99.)

ÉCOLES LAÏQUES PRIVÉES.

Enseignement accessoire du dessin

X

500 **Ecole primaire protestante**, dirigée par M. Humain.

Rue Bouret prolongée, Villette.

2 Dessins, papier teinté, crayons noir et blanc, ornements d'après les modèles publiés.

1 Dessin colorié : trompe-l'œil, calligraphie, images, lettres, cartes à jouer.

XI

510 **Ecole Romain**, dirigée par M. Célestin Romain.

Rue Levert, 42, *Belleville-Paris.*

2 cartes de France.

XII

526 **Institution du Palais-Royal**, dirigée par M. Jeannin.

Rue de Valois, 21, *et Galerie de Valois*, 148.

1 dessin d'architecture au lavis ; tête d'arabe, aux crayons noir et blanc; tête de jeune fille, au crayon noir ; tête d'enfant, id.

Ont signé, les élèves Eugène Besançon et Eugène Turpin.

XIII

547 **Ecole primaire supérieure**, dirigée par M. Barthelemy.

Rue Saint-Pierre-Popincourt, 26.

8 dessins d'agrément : groupes et têtes d'après les modèles publiés, crayons noir et blanc, papier teinté.

4 cadres d'ajustements, de calligraphie mêlée de sujets de prières et autres.

Ont signé ces ouvrages les éléves Botiey, Jullia, Mairion, Léontine Barthélemy.

ÉCOLES COMMUNALES LAÏQUES

Enseignement accessoire du dessin

XIV

502 **Ecole Cle**, dirigée par M. Thouroude.

Rue de la Réunion, 4, à Auteuil.

Deux cartes de géographie exécutées par M. Libert et M. Lasne.

XV

509. **Ecole Cle**, dirigée par M. Decaix.

Rue du Renard-Saint-Merry (4e Arrondissement).

11 dessins d'agrément : têtes, figures, fleurs, fruits, d'après les modèles de MM. Reverdin, Shopin et Jullien, aux crayons noir et blanc.

XVI

518 **Ecole Cle de la rue Ferdinand, 3**, dirigée par M. J.-Baptiste Maréchal,

3 copies de figures et d'ornement.

XVII

523 **Ecole C^le^ de la rue Racine, 8,** dirigée par M. Velter.

3 cadres de dessins d'ornements sur papier blanc et teinté, crayon noir, copies des petits modèles publiés.

Ont signé ces copies les élèves Chotard, 12 ans; Thomarel, 15 ans; Duret, 13 ans; Floret 14; Bochard, 13 ans.

XVIII

527 **Ecole C^le^ de Garçons**, dirigée par M. Dubois.

Rue de Sèvres, 16,

1 Dessin d'ornement.

XIX

538 **École C^le^ de Vaugirard**, dirigée par M. Flamarion.

18 Dessins d'agrément, têtes, figures, animaux, ornements, fleurs, sur papier teinté, crayons noir et blanc, modèles publiés d'après David, Gros, Cogniet, Férogio et autres.

Ont signé ces copies, les élèves : Aug. Leroux, Beaufils, Aubé et autres.

Compositions.

1 grand dessin d'après nature : vieille femme lisant, papier teinté, crayon noir réhaussé de blanc, signé Quesnel.

1 petit dessin, tête de profil d'après nature, papier teinté, crayons noir, initiales A. L.
1 dessin : masque, estompe d'après la bosse, signé L. Fournier.
10 plâtres, buste, médaillons, main et pied, ornements; le buste signé F. Deriéppe.

XX

540 **Ecole C^le de Garçons**, dirigée par M. Barbier.

Rue Neuve Coquenard impasse de l'Ecole

4 grandes cartes : Europe par bassins de mers, France militaire et historique, France avec indication des chemins de fer et des voies navigables.

Neuvième arrondissement de Paris, tracé sous la direction de M. Barbier, par les élèves, A. Pio, 15 ans; F. Léveillé, 14 ans et demi ; J. Gauthier, 13 ans;

1 Plans et élévation de l'école primaire Barbier, par l'élève Gautier.
4 dessins : machines, fixe verticale, soufflante; détails, outils et robinet de distribution d'eau, au lavis en couleurs, et à l'encre de Chine.
2 dessins : ornements, copies de modèles publiés, sur papier teinté, crayons noir et blanc.

Ont signé ces copies les élèves, A. Pio, Léveillé, Hubert, etc.

ÉCOLES DIRIGÉES PAR LES FRÈRES

Enseignement accessoire du dessin

XXI

511 Ecole communale de jeunes garçons, dirigée par le frère FLOUR.

Rue Saint-Étienne-du-Mont, 32.

13 dessins, dits d'agrément, copies sur papier teinté et non teinté, crayons noir et blanc, modèles publiés, figures, têtes d'études, ornements, animaux et fruits.

Ont signé les élèves Renard, Casimir Bavinsky, Ed. Charbonnier, Lucien Lévêque.

XXII

512 Ecole chrétienne du Gros-Caillou, dirigée par le frère BERTHAULD.

10 dessins dits d'agrément : copies aux trois crayons, têtes, figures et groupes, d'après les modèles de MM. Julien, Lasalle, etc.

Etude, estompe d'après nature.

Ont signé les élèves Bajou et C. Labertonnière.

3 dessins : géométrie descriptive, au trait, lignes d'opérations, ancien modèle.

2 dessins : escaliers en spirale, bois de luxe, lavis en couleur.

1 dessin d'architecture classique, à l'encre de Chine; signé, E. Bailly.

XXIII

513 **Ecole d'adultes du Marché Saint-Martin**, dirigée par le frère Angelmis.

8 dessins : machines, proportions de manivelles, de balanciers, de paliers, chaises et supports, engrenages à développantes coniques, cylindriques; tracé de cycloïde et développante : le tout avec détails au lavis coloré, lignes d'opérations, etc., copies des grands modèles publiés d'après MM. Fouché, Archambault, Blanc, et autres maîtres dessinateurs.

5 Dessins : ponceau avec mur en aile, épure d'escalier, confessionnal, porte d'allée, porte d'église, modèles inédits et autres.

1 Dessin gouaché : vue d'église souterraine.

Ont signé ces épures et copies, les élèves : Joly, E. Noble, Évrard, Lambert, Chapelier, Paquier et Gardy, Forquiard, Ch. Gardy.

11 Dessins d'ornement d'après la bosse, moulures ornées, consoles, etc., sur papier teinté, crayons noir et blanc.

16 Cadres, dessins d'ornement, bas reliefs, d'après la bosse, papier teinté, crayons noir et blanc.

13 Cadres, dessins de bijoux composés et dessinés par les élèves, sur papier teinté, au crayon noir gouaché de blanc.

12 Dessins d'agrément : têtes d'après nature et

la bosse, pierre noire et estompe, papier coloré, crayons noir et blanc.

Ont signé ces dessins d'imitation et de composition, les élèves : A. Dreux, lithographe, Rigolet, lithographe, Debrie, ciseleur, Dallier (Amédée), décorateur, Louvet, sculpteur en bois, Coudray, bijoutier.

16 Pièces de menuiserie : petits modèles d'étude de la coupe du bois, arrêtiers, escalier à crémaillères, chambranle en archivolte, plafond d'assemblage, arrière voussure en archivolte, croisée cintrée en plan et élévation ; chambranle cintré en plan et en élevation ; arrière voussure de SaintAntoine.

9 Pièces de pierres assemblées, petits modèles d'étude de la coupe des pierres pour les portes à arc rampant, en tour ronde ; voûtes d'arrête et en arc de cloître sur un plan barlong, et divers autres modèles exécutés par l'élève Dantonel.

Les modèles de menuiserie par l'élève Jarry (décédé) et l'ancien élève de l'Ecole Rose, Vidal, Jorgnard, Victor et Elie, et autres.

XXIV

514 **Ecole de la rue Saint-Lazare, 106,** dirigée par le frère Hugiasi.

1 dessin : machine au lavis coloré, copie d'après un des modèles des maîtres dessinateurs ci-dessus désignés (non signé).

2 dessins, ornements, rinceaux antiques et de la Renaissance, grandeur d'exécution, paraissant copiés d'après la bosse, estompe et crayon blanc. Ont signé les élèves : A. Lemeunier et Cruzat (Alex.).

6 dessins, dits d'agrément : copies grandies des lithographies, modèles de MM. Jullien, Lasalle, et autres, papier teinté, crayons noir et blanc.

Ont signé les élèves Cruzat (Alex.), Shamel (Ch.), Guernet (Aug.), Adam (Ed.), Legris (Jules).

17 sous-verre : photographies d'après nature, scènes d'intérieur de l'École, d'architecture, de paysages, d'objets religieux, etc., sans signatures d'élèves ou de professeurs.

3 peintures de fleurs, par le moyen des couleurs opaques et superposées, dit de la gouache, ou du papier peint, signées J. Barnich.

XXV

516 **Écoles communales de la rue Saint-Bernard, 30, et l'avenue de la Roquette, 25,** dirigées par le frère Gerardin.

1 Dessin : locomobile au lavis coloré, petit-modèle publié.

29 Dessins d'agrément, imitation de gravures et lithographies de sainteté classique, papier teinté et blanc, crayons noir et blanc.

Têtes, trophées, fleurs, vases, sujets militaires modernes, copies des modèles publiés.

1 Dessin d'intérieur d'architecture religieuse, au lavis coloré.

Ont signé en copies, les élèves : Coutreau, Abraham, Jh. Serre, La Chaise (P.), Henri-Auguste Abadie, Grégoire Vintinberger, Rey et autres.

XXVI

517. **Ecole préparatoire du noviciat des Frères**, dirigée par le frère Pierre-Céleste.

Rue Oudinot, 27.

2 perspectives A et B de la maison-mère de l'Institut des Ecoles chrétiennes : l'une pittoresque, l'autre technique, au lavis en couleur.

1 dessin : préparations géométriques à l'aide desquelles on a obtenu les deux perspectives A et B ci-dessus, lavis à l'encre de Chine, lignes d'opérations, échelles et légendes. Signé Ferdinand Jeandron, 15 ans 1/2.

XXVII

520 **Ecole de la rue de Fleurus, 14**, dirigé par le Frère Baudine.

14 Dessins d'agrément : têtes, copies de modèles publiés, papier blanc et teinté, crayons noir et blanc, crayon rouge.

6 Dessins : ornements et fleurs, copies d'après les modèles publiés.

1 dessin d'architecture classique, lavis à l'encre de Chine, copie de modèle publié.

2 id. de chapelle et tombeau, lavis coloré, modèle inédit.

2 sous-verres : blazons en couleur.

1 grand dessin, estompe, crayons noir, blanc et de couleurs, lettres gothiques dorées, signé Félix Durin, et portant une dédicace à la Société des jeunes gens du faubourg Saint-Germain.

Ont signé les copies ci-dessus dessignées les élèves Paumier, P. Mangin, Chapedelaine, P. Cusset, C. Cochin, J. Lefèvre, etc.

XXVIII

524 **Demi-Pensionnat des Frères**, dirigée par le frère Arcadius.

Rue des Francs-Bourgeois, 10, *au Marais.*

16 dessins dits d'agrément : têtes, papier teinté, crayons noir et blanc, modèles de MM. Jullien et autres.

Ont signé les élèves, C. X., V. L., X. G., Letellier, Huguenin, L. Olive, Cognon.

24 dessins de machines, détails de pièces, tels que pompes, presses, régulateurs, coupes de cylindres à vapeur, découpoirs, etc., grandeur d'exécution, copies des modèles, au lavis coloré.

Ont signé ces copies les élèves A. Lorfeuvre, C. Fontaine, H. Desmons, Lefol, E. Cognonc E. Roger, C. Pernot, Coyon, P. Dorigny, V. Letellier, J. Bonvallet, Pauvert, A. David, Coniard J. Bouyet.

XXIX

525 **Etablissement de Saint-Nicolas** dirigé par le frère Souffroy.

Rue de Vaugirard, 112.

7 dessins de mises en cartes, motifs de palmettes, et dispositions de châles en couleurs, copies ou compositions (non désigné).

Ont signé les élèves, Parisot, Dubois. Benard, Guerre, et autres.

16 dessins d'agrément, ornements, cartouches, têtes, figures, d'après les modèles publiés. Ont signés ces copies les élèves Benarel, Guerre, E. Parisot, Emery et autres.

40 dessins, projections de sphère, de cône, d'escalier, de maison; détails au trait d'encre de Chine, d'architecture, menuiserie, mécanique, coupe des pierres, études de lavis, charpenterie, organes de machines, etc., copies de modèles publiés.

Ont signé ces copies les élèves Papion, G. Antony, Dobigny, Vogel, Emery, H. Comiti, Chardeyron, Bouchet.

XXX

528 **Ecole de la rue de la Jussienne, 11**; frère Athanase, professeur de dessin.

13 Dessins : ornements bas-reliefs, copies d'après la bosse ou des dessins de bosses (non indiqué), papier teinté, estompe et crayon noir rehaussé de blanc.

11 Dessins d'agrément : têtes et animaux, sur papier teinté, crayons noir et blanc, modèles publiés d'après Gerard, Paul Delaroche, Barrias, Pils et autres.

Ont signé ces copies les élèves Lesaunier, Thirault, Gamba, Peter, J. Duvanel, etc.

Compositions

1 dessin : ornements assyriens, lavis en couleurs, signé Labeste.

1 Bas-relief sculpté en bois, attributs champêtres (non signé).
3 peintures : fleurs, aquarelle et gouache, papier peint et store, dont un, signé Pierre Jourdain.
3 dessins pittoresques à figures historiques, héraldiques, crayons de couleurs, aquarelle, or en coquille, gouache et autres procédés.

XXXI

529 **Pensionnat des Frères de Passy,** dirigé par le frère Aubin.

Frère Athanase, professeur de dessin.

Rue Basse, 46 et rue Suger.

11 dessins de grandes dimensions (copies) de machines au lavis coloré, des modèles exécutés par MM. Fouché, Archambault, Blanc.
Ont signé ces copies, les élèves G. Latombe, E. Debain, Galliet, Gerbe, A. Gerbe, Brasseur et Debain, Brichard, M. Boutron, Lame, G. Gauchy, J. Picart.
29 dessins d'architecture des 5 ordres (copies), au lavis, au trait, lignes d'opérations ponctuées d'après les modèles autorisés.
Ont signé ces copies, les élèves R. Famavis, et F. Dumas, G. Caldays et A. Bouchain, J. Picart, C. Helson, G. de Rets, Desgranges, F. Baudot, Marcel.
4 dessins d'architecture civile et industrielle (copies) au lavis coloré, dont une aquarelle pittoresque.
Ont signé ces copies, les élèves C. Helson, A. Gueret, F. Desgranges.
16 dessins : géométrie descriptive, mécanique.

etc., copies des modèles autorisés; étude du trait, lignes d'opérations ponctuées, renversements, etc.

Ont signé ces copies, les élèves G. de Rets, C Helson, J. Picart, A Boudier.

50 dessins dits d'agrément ou d'imitation, dont 25 copies, d'après la bosse ou d'après des dessins de bosses à l'estompe, ou des modèles publiés, copiés sur papier teinté, crayons noir et blanc.

25 autres, id. lithographies coloriées, portraits au pastel et études classiques, aux crayons de couleur; une peinture: Madone, architecture, fleurs et légende par le moyen des couleurs opaques, dits à la gouache ou du papier peint; signée Valladon.

1 photographie, signée F. Aubin.

1 tableau peint, portrait en pied de Son Em. Feu Mgr. l'Archevêque Morlot, signé Frère Athanase.

XXXII

532 **Ecole chrétienne du Faubourg Saint-Martin**, 159, dirigée par le frère Nicolaus.

4 dessins graphiques : machines au lavis en couleurs, copies des modèles Fouché et autres pour le papier peint; un élève a signé Schaefer.

1 grande carte de 1 mètre 50 cent., au trait, colorié.

XXXIII

533 **Ecole Chrétienne des Frères**, dirigée par le frère Anasthase.

Rue de Chabrol, 61, *X*[e] *arrondissement.*

8 dessins de machines, grandes dimensions, au lavis coloré, copies des modèles de MM. Fouché, Armengaud, Blanc, etc.

Ont signé ces copies, les élèves : E. Lafeuille, E. Plessis, E. Fossé, A. Brevet, J. Hermerd.

3 dessins d'agrément, copies d'après M. Jullien et autres, papier teinté, crayons noir et blanc.

A signé l'élève E. Lafeuille.

XXXIV

539 **Ecole Chrétienne des Frères**. dirigée par le frère Mauricius.

Rue d'Argenteuil, 17.

25 dessins dits d'agrément : ornements, figures, fleurs, etc., copies des modèles désignés. (pas de signatures.)

DÉPARTEMENTS

ÉCOLES LAÏQUES

XXXV

501 **Ecole normale primaire de Clermont-Ferrand**, M. Chopinet, professeur.

4 dessins : mécanique, locomobile Calla, petite grue, locomotive Crampton, mécanisme de distribution de vapeur, lavis à l'encre de Chine, d'après les grands modèles publiés.
5 dessins de cartes topographiques.
Ont signé ces copies Genestier (Jean Victor), Coudert (Marius) 20 ans; Raphanel, 20 ans; Barrier (J.) 20 ans ; Lamiraud, Thuel, etc.

XXXVI

503 **Ecole de Thionville** (Moselle), M. Lefèvre, professeur de dessin.

4 dessins : 1 architecture, 1 lever de bâtiment, 1 topographie, 1 d'agrément au trait, lavis à l'encre de Chine, crayons noir et blanc, papier teinté, modèles publiés.
Ont signé ces copies, les élèves : Laurrin (Alex.), Paul Tissot.

XXXVII

504 **Lycée de Mâcon**, M. Chambellont, professeur.

8 dessins: machines, détails au lavis coloré, modèles publiés.

22 dessins d'agrément, dont 9 d'après la bosse ou dessins de bosse (non désignés) et 13, ornements, têtes, figures, sur papier teinté, crayons noir et blanc.

7 dessins : architectures diverses, au lavis coloré à l'encre de Chine et au trait, modèles publiés.

4 dessins à l'usage des chantiers : stéréotomie, carte géologique avec coupes diverses, élévations, détails, légende explicative, etc., au trait et lavis d'encre de Chine, (Souterrain de Blaizy, chemin de fer de Lyon). Signé Albert Dory.

22 pièces de plâtre, études de la coupe des pierres.

2 terres cuites, signées Guillet de Mâcon.

3 études en plâtre d'élèves ornemanistes.

Ont signé les divers dessins les élèves Ricard, Commercon, Guillet, Auvise, Julin, A. Dory, Delorme, etc.

XXXVIII

507 **Ecole préparatoire aux Arts et Métiers, à Aix en Provence**, dirigée par M. Dombre.

16 dessins de machines au lavis coloré; architecture, géométrie descriptive, cinématique; ornement, machine outil, détails

de machine au trait, avec lignes d'opération et côtes.

2 Calepins de croquis et de descriptive avec cotes prises sur place, signés : Manuel Sené de Malaga (Espagne), Lafaux (Henri).

1 grand album du cours de dessin de 1re année, mêmes dessins et modèles publiés.

Ont signé ces copies, les élèves Arland de Mirabeau, Mangin (de Marseille), Vacqueiras (Vaucluse). Sabatier (de Martigues,) G. Baly (de Toulon), Llorens Jean (de Mostaganem).

1 groupe d'outils en nature, équerres, compas, clefs anglaises, régulateurs, etc. Ont exécuté ces outils, les élèves : Giraud, 14 ans; Villeneuve, 15 ans; Salles, 15 ans; Lafaux 15 ans ; Bureau, 17 ans, 2me année ; Schiezlo, 17 ans, 1re année ; Campoflorido, 15 ans, 1er année ; Laure, 15 ans, 1er année ; Faviez, 16 ans, 1er année ; Sené, Penel, Prazio, Valentin, Gras, Roquemaure, Bourdat, etc.

XXXIX

515 **Ecole gratuite de Tours.**

16 dessins, papier blanc et teinté, crayons noir et blanc, trait et estompe, animaux, têtes, copies de modèles publiés.

36 dessins, papier blanc et teinté, crayons noir et blanc, trait et estompe, ornements antiques, Renaissance et modernes, copies de modèles publiés.

3 Dessins, pierre noire et estompe : écorchés d'après la bosse ou des dessins de bosse.

17 Dessins d'après la bosse ou des dessins de bosse, têtes et figures antiques, torses, études d'académies, copies des modèles publiés.

Ont signé ces copies et dessins imités de la bosse, les élèves: Gautier (Alex.), Hogu, lithographe, Remond, Lepinay (Ed.), peintre en bâtiment, Tulas ne, Bournier, Lambeze, peintre en bâtiment, Pichonneau, Rabion, Moiscray (Eug.), Lieron, Limage, etc.

XL

519 **Pension Lepine, Ecole préparatoire aux Ecoles des Arts-et-Métiers**

A Choisy-le-Roi.

1 aquarelle pittoresque de la maison royale de Choisy-le-Roi.
4 dessins : machines, grands modèles de locomotives et de marine, au lavis coloré et encre de Chine, copies des modèles publiés.
2 dessins : architecture classique, portail du Louvre, lavis à l'encre de Chine, copies des modèles et photographies publiés.
2 dessins d'ornement à l'encre de Chine, copies.
4 dessins d'agrément, paysage et figures, copie de modèles et gravures publiés
1 cadre, calligraphie ornée avec dessins de figures à la plume, prière.
1 dessin de topographie au lavis coloré.

Ont signé ces copies les élèves A. Dufour, Neel, Lucien Friquet, Petitjean, Jacotin.

XLI

530 **Ecole municipale des Beaux-Arts et des Sciences industrielles de Toulouse**, dirigée par M. A. DE PERPESSAC.

L'École municipale des Beaux-Arts et des Sciences industrielles de Toulouse, dont l'origine remonte au-delà de 1720, est essentiellement *gratuite.*

Elle compte une vingtaine de professeurs et de cinq cents élèves à six cents (cette année 693).

Les élèves, presque tous de jeunes artisans, sont toujours externes, et même ils passent chaque jour alternativement de leurs ateliers dans l'école et de l'école dans leurs ateliers.

On y enseigne : Dessin, — Peinture, — Architecture, — Dessin graphique, particulièrement des machines, — Perspective, — Chimie industrielle, — Mathématiques, — Arithmétique, — Algèbre, — Géométrie élémentaire et descriptive, — Stéréotomie, — Mécanique, etc.

La dépense annuelle de la Ville pour cette école est de 2,700 à 2,800 fr.; dont un prix de 4,500 fr. destiné à envoyer étudier à Paris pendant trois ans, un élève de : peinture ; — sculpture — ou architecture.

Ouvrages exposés.

1°

5 Ardoises. — Spécimen des premiers travaux des élèves, tracés à main-levée, sans instruments.

3 Feuilles. — Tracés exécutés sans instruments, suite des précédents.

7 Dessins au trait, d'après des modèles en relief.
2 Têtes au crayon (copies). MM. Délestan (Eugène) et Délestan Jacques.
7 Dessins ombrés, d'après des modèles en relief. MM. Abadie, Sénégas, et autres élèves.
3 Têtes, d'après la ronde bosse.
1 Portefeuille. — Dessins pour aider à l'intelligence de la méthode, d'après les reliefs.
2 Tableaux. —Compositions d'après un programme donné : (Mort d'Euryale). — Deux prix *ex æquo*, de 4,500 francs chacun. MM. Cotte et Laurens.

2°

2 Deux groupes composés d'une grande tête et de quelques fragments. — D'après la ronde bosse. MM. Durand et Laborde.
2 Académies — D'après l'antique (ronde bosse). M. Saint-Jean.
3 Académies. — D'après le modèle vivant. MM. Rixens et Lourbiac.
2 Académies. — Peintes d'après le modèle vivant. MM. Capoul et Maziès.
5 Epures de géométrie descriptive. — Coupe de pierres, etc. D'après les leçons orales du cours.
1 Album, spécimen de ceux que font les élèves de sculpture. M. Délestan (Jacques).
11 Dessins divers, à laplume (copiés). M. Vergé.
8 Id. d'après nature. M. Vergé.

3°

1 Dessin d'après un croquis (placé à côté). M. Mandement.

6 Dessins. Projections diverses et coupes de corps géométriques, d'après des croquis levés, mesurés et cotés par les élèves.
3 Dessins. Levés de bâtiments, d'après des croquis levés, mesurés et cotés par les élèves. M. Olmade, Castex, Grillon.
7 Dessins. Levés de machines, d'après des croquis levés, mesurés et cotés par les élèves sur les machines mêmes. MM. Darolles, Daurignac.
1 Epure de perspective (cube). M. Gaubert.
1 Id. Intérieur d'une chapelle, d'après un croquis levé et mesuré sur les lieux. M. Resseguier.
1 Id. Etude d'ombres. M. Dulac.
1 Dessin. Etude de dessin typographique. M. Forgues.
2 Lavis d'architecture (copiés). MM. Quinsac et Gazagne.
1 Amplifié. M. Peyranne.
2 Dessins. Projet d'après un programme donné. M. Gaubert.
4 Dessins. Composition d'après un programme donné. Prix de 4,500 fr. M. Gineste.

Sculpture.

1 Feuille d'achante, d'après nature. M. Darlez.
1 Tête de Vitellius, d'après le buste. M. Idrac.
1 Bas-relief, d'après l'antique. M. Marqueste.
1 Académie, d'après le modèle vivant. M. Barthélemy.
1 Bas-relief. Composition d'après un programme donné (Modon aux pieds de Télémaque). Grand prix de 4,500 fr. M. Cassagne.

CHIMIE.

1 Cadre renfermant : 1° divers objets photographiés par les élèves; 2° des échantillons de bois injectés de substances diverses, par les élèves; 3° une glace étamée et gravée par les élèves.

XLII

534 **Ecole professionnelle départementale de Seine-et-Marne, annexée au Collége de Melun.**

12 dessins de machines, locomotives de différents modèles, machines de bateaux, à cylindres oscillants, fixes et autres.

9 dessins, en couleur et Chine, d'architecture classique.

1 dessin d'architecture civile, aquarelle.

Ont signé, les élèves Berthaud, Cochin, Bernard, A. Foiret, Martin, etc.

XLIII

537 **Institution** FLEURY, **à Lagny-sur-Marne.**

École professionnelle appliquée à l'industrie et au commerce.

Cinq médailles en vermeil, douze médailles en argent, aux concours d'agriculture, d'horticulture et d'orphéons, des départements de la Seine et de Seine-et-Marne, médaille en bronze de la Société d'encouragement pour l'Industrie nationale.

A Lagny (Seine-et-Marne).

70 feuilles : cours divers de mécanique, pénétrations de solides et géométrie descriptive ; détails d'organes de machines au lavis, trait et couleurs, copies d'après les modèles publiés.

Ont signé ces copies les élèves Rosner, Coquillard, Déchaussé, Laire Leclerc, etc.

8 feuilles des mêmes cours, ornements au trait.

Ont signé, les élèves : Leclaire, Paul, Laire

50 dessins d'agrément : têtes, fleurs, ornements, figures, d'après les modèles publiés, papier teinté, crayons noir et blanc ; quatre de ces dessins aux crayons de couleurs.

Ont signé ces copies, les élèves : Mahaussé, Fagot, Jourdan, Leclerc, Brard, Laire, G. Prévost, Périn, Coquillard, Mousseaux, Chabaud, Robinet, Rossner.

100 et quelques outils en nature dont un cric, un tour, des étaux à divers mouvements et à main, poulies, compas, presse.

Ont signé ces outils : les élèves Brard, Romulo, Morin, Frelon, Leroy, Domage, Laire, Roy, Ghis, et autres.

Tous les travaux ou dessins exposés ont été faits pendant l'année scolaire 1862-63.

XLIV

541 **Ecole gratuite de dessin de Châlon-sur-Saône**, dirigée par M. Couturier.

4 dessins : locomotive, locomobile, wagon de transport, au lavis coloré (petits modèles publiés).

4 dessins détails : poulie, machine à percer,

articulation de bielle, etc., au lavis coloré, copies des modèles publiés
1 dessin d'architecture, Forum Nerva, lavis à l'encre de Chine, copie.
Ont signé ces copies les élèves Mussy (Jules), Gambey (Léon), Petetin, Gambey (Joseph), Lauthe (Alex), Dubie.
1 peinture trompe l'œil, étude perspective d'un guéridon, fleurs, étui de mathématiques, et de plus, une brochure explicative du graphomètre perspectif, signée Couturier.

XLV

548 Institution Rossat.

École professionnelle de Charleville (Ardennes).

L'institution existe comme établissement d'enseignement secondaire depuis plus de vingt ans. Il y a dix ans que les études professionnelles théoriques y sont instituées; les ateliers, comme complément de tout enseignement professionnel industriel sérieux, ont été ouverts le 1er février 1863.

L'enseignement du dessin d'art existe depuis la fondation de l'établissement; celui du dessin industriel proprement dit ne date que de cette année. Il en est de même en ce qui concerne l'application de l'art à l'industrie.

L'Ecole possède 312 élèves.

L'enseignement industriel, qui se donne deux heures par jour, cinq fois la semaine, comprend :

1° Les projections des principaux corps géométriques, faites d'après nature, à main levée (croquis), et parallèlement les études géométriques de ces mêmes corps, c'est-à-dire les projections proprement dites;

2° Des croquis cotés d'après des pièces détachées de machines, ou des détails de construction mis au net d'après une échelle donnée;

3° Comme composition mensuelle : représenter une pièce *quelconque* dans une position *quelconque*;

4° Projets de machines et de bâtiments d'après un programme donné; étude des usines; levés dans les ateliers;

4° L'enseignement du lavis. basé sur la théorie de la lumière, est fait par une méthode spéciale dont la base principale est de ne jamais donner aux élèves des modèles lavés, mais de les faire ombrer, non pas seulement d'après nature, mais surtout d'après le raisonnement.

Ouvrages exposés

Ajustage. Une série pour chaque élève composée de : une règle plate, une règle carrée, une équerre simple, une équerre à chapeau, un compas d'épaisseur, un compas droit, un étau à chanfreiner et un étau à main, diverses pièces de la machine à vapeur.

Ont signé :

Ajusteurs. Anciaux (Gustave), Laurent (Paulin), Desquilbet (Jules), Mernier (Joseph), Petit (Théodule).

Tours à métaux, bielle de la machine à vapeur, tête de bielle, les quatre colonnes, différentes pièces de la scie à découper et de la scie circulaire.

Ont signé : Lepage (Jules), Quérag, Thomé, Leroy, Arcies (Henri), Lambert (Auguste), Chateau (Auguste).

Travail du Bois. Série d'assemblages, petits modèles d'établis, bâtis des deux scieries, objets divers.

Ont signé : Sibre (Arthur), Herbulot (Henri), Rondelot (Louis), Jonval (Camille), Trigaud (Norbert), Gilbert (César), Gobert (Jules), Margottun (Alexandre).

Les objets exposés représentent à peu près la dixième partie du travail fait dans l'Institution, augmenté de quelques objets prêtés par les élèves sortis.

Coupe des Pierres (Cours de construction) : Oury (Emile), Malherbe (Jules).

Dessin. Aucun des élèves ayant obtenu des prix de dessin, n'a pu envoyer à l'Exposition, parce qu'on n'a pu les prévenir en temps utile.

XLVI

549 **Lycée impérial d'Auch** (Gers).

Dessins d'ornements exécutés sous la direction et par les élèves de M. Paul Martin.

Dessins linéaires, exercices divers et reliefs de géométrie élémentaire et descriptive exécutés sous la direction et par les élèves de M. Eugene Lago.

ÉCOLES DES FRÈRES.

XLVII

535. **Pensionnat des Frères à Beauvais**, dirigé par le frère Mené.

6 dessins : mécanique, coupe de locomobile, modèle de distribution et feu ; machine de vaisseau, fixe verticale, cylindres, laminoirs, à l'encre de Chine, au lavis coloré, modèles moyens publiés.

7 dessins : ornements divers, papier teinté crayons noir et blanc.

4 dessins d'architecture au lavis d'encre de Chine, et au trait.

3 grands dessins de vitraux en couleurs, architecture ogivale, copies des lithochromies publiées.

Ont signé : Derimeux, Delaforterie, Martin.

18 dessins d'agrément : têtes, animaux, fleurs, figures, modèles d'après MM. Shopin, Julien, Lasalle et autres.

Ont signé ces copies les élèves G. Jablinski, Marc, Court, Métayer, Sauvage, Romain (Henry-Elie), Baudin, Orsolle, A. Deladreux et autres.

XLVIII

542 **Ecole primaire des Frères de Pontoise**, dirigée par le frère Abel.

30 dessins de machines au lavis coloré.

3 dessins d'architecture classique des ordres, lavés à l'encre de Chine, moulures d'ornements au trait.

Ont signé les élèves : Larchevêque, A. Villemer.

5 dessins, ornement, petits modèles autorisés, non signés

8 dessins dits d'agrément, aux crayons de couleurs : têtes, figures, animaux, etc., modèles de MM. Jullien, V. Adam et autres.

Ont signé les élèves A. Villemer, J.-B. Desprez et autres illisibles.

9 sous-verres : imitations de petits modèles teintés à l'avance sur papier à l'effet, chaumières, effets de neige répétés. Signé, Desprez.

DIVERS.

XLIX.

545 M. FOUBERT, élève de l'école PENARD.

Rue du Roi-Doré, 9, au Marais.

Deux copies grandies, d'après M. Schopin.

L

550 M. THOMAS, employé à la préfecture de la Seine, expose un dessin (marteau-pilon), signé P. Magué, 1863.

LI

551. M. ARAND.

Place Delaborde, 14.

— Milanaise filant, dessin au crayon noir. — Guerrier grec, id.

LII

552. M. CLABAUT (GUSTAVE), entrepreneur de peinture, élève sorti de l'institution Dellove rue Neuve-Saint-Eustache, 32.

Rue des Vieux-Augustins, 42.

La gorge Malakoff, dessin exécuté d'après le tableau de M. Yvon.

7

MUSÉE RÉTROSPECTIF

MUSÉE RÉTROSPECTIF.

I

LE VASE DE CÉSAR, trouvé à Alesia, dans les fouilles commandées par l'Empereur, et appartenant à Sa Majesté.

(Reproduction exécutée par M. Barbedienne.)

II

Tapisseries prêtées par l'Administration du Mobilier de la Couronne, et placées dans le grand salon.

PANNEAU DE FOND.

Fabrication de la fin du seizième siècle.

1 *Le Triomphe de Vénus*, d'après Jules Romain.
Fabrique de Bruxelles.

2 *Chasses de l'empereur Maximilien dans la forêt de Soigne* (audience avant la chasse), d'après Bernard Van Orley.

Fabrique de Bruxelles.

3 *Coriolan* (l'accusation de Coriolan), d'après Henry Lerambert.

Fabrique de Paris.

PANNEAU DE DROITE.

Fabrication de l'époque Louis XIII.

4 Actes des Apôtres (la pêche miraculeuse), d'après le carton de Raphaël placé à Hamptoncourt.

Fabrique de Mortlake (Angleterre).

5 Histoire de Vulcain, d'après Raphaël.

Fabrique d'Angleterre.

6 *Constantin* (Constantin donnant l'étendard), Rubens, d'après Jules Romain.

Fabrique de Paris.

PANNEAU DE GAUCHE.

Fabrication de l'époque Louis XIV.

7 Histoire de Louis XIV (audience du cardinal légat Chigi), d'après Ch. Lebrun.

Fabrique des Gobelins.

8 et 9 Deux entre-fenêtres. Thermes, d'après Ch. Lebrun.

Fabrique des Gobelins.

10 Grotesques à bandes (divinités présidant aux mois de l'année), d'après Audran.

11 Portière des éléments (le feu sous la figure de Jupiter), d'après Audran et Boulogne.
Fabrique des Gobelins.

PANNEAU COTÉ DE L'ENTRÉE.

Fabrication de l'époque Louis XV.

12 Histoire de Don Quichotte (Don Quichotte prend une paysanne pour Dulcinée), d'après Ch. Coypel.
Fabrique de Beauvais.

13 Sujet de la Fable (Amphitrite sur les eaux), d'après Boucher.
Fabrique des Gobelins.

14 Portière de Diane, d'après Caze et Perrot.
Fabrique des Gobelins.

15 Un tapis de l'époque de Henri IV.
Fabrique de Paris.

16 Un tapis de la savonnerie de l'époque de Louis XV, d'après Perrot.

III

TAPISSERIES
de la cathédrale d'Angers.

Ces beaux et intéressants ouvrages de l'art français aux XIVe, XVe, XVIe et XVIIe siècles, occupent trois salles du premier étage du palais.

Ils se divisent ainsi :

Vingt tapisseries de l'Apocalypse, comprenant cinquante trois sujets tirés du livre de Saint-Jean.

Trois tapisseries de la Passion.

Une tapisserie de la Sainte-Vierge, présentant deux sujets.

Trois tapisseries des instruments de la Passion, sept sujets.

Trois tapisseries de Saint-Saturnin (1527).

Trois tapisseries du même saint (1649).

Deux tapisseries de Saint-Martin.

Quatre verdures, laine et soie (1).

---

(1) Les amateurs qui désireraient avoir de plus amples renseignements sur ces tapisseries, les trouveront dans une petite brochure intitulée : *Les Tapisseries du sacre d'Angers, classées et décrites selon l'ordre chronologique par l'historiographe de la cathédrale et du diocèse d'Angers.*

Elle se vend au palais de l'Industrie, au profit de la restauration des tapisseries. On comprendra dès lors pourquoi nous nous sommes bornés à la nomenclature sommaire qui précède.

Nous ajoutons qu'un grand ouvrage se prépare sur :

Les Tapisseries de l'Apocalypse de la cathédrale d'Angers, dites tapisseries du roi René, par M. Léon de Joannis.

L'ouvrage se composera de 13 livraisons de six planches in-folio.

Chaque planche sera accompagnée d'un texte explicatif imprimé sur papier de même format, donnant l'interprétation du passage de l'Apocalypse correspondant au sujet représenté sur la tapisserie, ainsi qu'une légende des couleurs, qui permettra, si on le désire, de rétablir la tapisserie avec sa coloration naturelle.

Il paraîtra une livraison tous les deux mois.

Le prix de la livraison est de 5 fr. pour Angers et pour Paris, et de 6 fr. 25 c. rendue *franco* dans la ville de France et à l'adresse que l'on désignera. L'ouvrage terminé, le prix sera porté à 6 fr et à 7 fr. 25 c. — Les personnes qui voudront faire prendre leurs livraisons à Paris ou à Angers indiqueront l'adresse à laquelle ces livraisons devront être déposées. Si elles préfèrent les recevoir par l'entremise d'un libraire de la ville qu'elles habitent, il faudra faire connaître bien exactement le correspondant de ce libraire, à Paris ou à Angers.

IV

Chaire, style Louis XV, appartenant à l'église des Blancs-Manteaux, aujourd'hui en réparation.

V

Objets prêtés par M. le curé de Nanterre.

D'après une tradition accréditée, ces vêtements sacerdotaux ont été donnés par la reine Anne d'Autriche à l'église de Nanterre, à l'occasion de la naissance de Louis XIV, survenue à la suite d'un pélerinage au berceau de la patronne de Paris.

VI

Objets prêtés par Mme la comtesse de Boisdenier.

1 Une tapisserie des Gobelins, du XVIIe siècle, présentant les armes de France et de Navarre, et la devise de Louis XIV, *Nec pluribus impar*.

2 Un clavecin Louis XIV, orné de peintures.

VII

Collection de Mme E. CARDON

1. Faïence de Rouen. — Plat rond, l'Abondance, décoration polychrome.

2. Faïence de Rouen. — Plat rond, arabesques et guirlandes, décoration polychrome.

3. Faïence de Rouen.—Assiette, décor polychrome.

4. Faïence de Rouen.— Assiette, décor bleu rayonnant, trés-fin et très-riche.

5. Faïence de Rouen. — Soupière avec couvercle orné d'un serpent, décoration polychrome.

6. Faïence de Rouen. — Porte-huiliers, ornementation dite à la corne.

7. Faïence de Rouen. —Plat rond, décoration polychrome dans le goût chinois.

8. Faïence de Rouen. — Christ et support de croix.

9. Faïence de Rouen. — Carreaux émaillés provenant du château d'Ecouen, construit par le connétable Anne de Montmorency, décoration dans le goût italien.

Attribués longtemps à Bernard de Palissy, qui travailla dix ans à la décoration du château d'Écouen, ces carreaux ont été faits à Rouen, comme le prouvent deux échantillons conservés à Richemont et appartenant au duc d'Aumale, sur lesquels se trouvent ces inscriptions :

a Rouen 1540 — a Rouen 1542

10. Faïence de Nevers. — Plat rond, décoration en camaïeu, tradition italienne.

11. Faïence de Nevers. — Plat rond, pièce trempée dans l'azur, décoration blanc fixe, dans le goût persan.

12. Faïence de Moustiers. — Plat ovale, chasse au sanglier, peinte en bleu d'après une gravure d'Antoine Tempesta.

13. Faïence de Moustiers. — Flambeau style Louis XIV, décoration et armoiries bleues.

14. Faïence de Marseille. — Soupière de l'époque Louis XV, le couvercle couronné d'un artichaut.

15. Faïence de Marseille. — Plat rond, fleurs.

16. Faïence de Chantilly. — Jardinière : sur une face se trouve une paysage peint en bleu; sur l'autre des fleurs.

17. Cadre de glace en bois sculpté, par les Frères Bayard de Nancy, époque Henri II.

18 et 19. Faïence de Marseille. — Assiette provenant d'un service aux poissons.

20. Faïence de Strasbourg.—Assiette décorée d'une scène champêtre, dans le genre flamand.

21. Faïence de Rouen. — Assiette, décor rocaille polychrome.

22. Faïence d'Aprey. — Assiette à la rose.

23. Faïence de Strasbourg. — Assiette, bordure dentelée, décor à la rose.

24. Faïence de Nevers. — Pot à jeu d'eau : sur la pause un concert chinois, décoration polychrome.

25. Faïence de Rouen. — Petit pot gros bleu, décor blanc et jaune.

26. Faïence de Niederwiller. — Jardinière : sur une face, une scène dans le genre Watteau, la face opposée est décorée d'oiseaux, décor rehaussé d'or.

27. Faïence de Rouen. — Poudrière à sucre, décor bleu rehaussé d'or.

28. Faïence de Rouen. — Petites mules fond jaune, décor quadrillé bleu, rehaussé en couleurs.

VIII

Trois fragments de vases pêchés sur la côte d'Anatolie, en face de Rhodes, appartenant à MM. Colombel frères et Devisme.

IX

Objets envoyés par M. Alexandre Delaherche, de Beauvais.

1 à 7. Sept clefs époque romaine.

8 et 9. Deux clefs quatorzième et quinzième siècles.

10 à 16. Sept clefs seizième siècle à têtes simples.

17 à 19. trois clefs seizième siècle : époque Louis XII (17), François Ier (18), et Henri II (19).

20. Une clef seizième siècle, avec son fourreau.

21 à 23. Trois clefs dix-septième siècle, têtes fleuronnées.

24. Une clef à quatre pans, découpée à jour, époque Louis XIII, pièce de maîtrise, marquée des initiales C. D.

25. Une clef dix-septième siècle. Initiales enlacées sous une couronne de marquis.

26 et 27. Deux clefs de chambellan avec écussons aux armes écartelées de Bavière et de (inconnu), l'autre avec initiales enlacées et surmontées d'une couronne.

28 à 38. Onze clefs du dix-septième et du dix-huitième siècle.

39 à 41. Trois clefs dites à la Cordelière.

42. Une clef passe-partout du dix-septième siècle.
43. Un cadenas du dix-septième siècle, marqué I R.
44. Une petite serrure (incomplète) du seizième siècle (sa clef porte le n° 18).
45. Un porte-médaille du quatorzième siècle, en cuivre, découpé à jour.
46. Un pommeau de verge, lion héraldique, fleurs de lys, du douzième siècle.
47. Un éteignoir, tête de bouffon, du seizième siècle.
48. Un fragment de harnais de cheval, cuivre doré du douzième siècle, représentant une sirène.
49. Un autre fragment de harnais du treizième siècle; la fleur de lys indique qu'il devait servir à un roi ou à un prince de la maison de France.
50. Coffret en fer du seizième siècle.
51. Serrure de la fin du quinzième siècle, ayant appartenu à la maison d'Anne de Bretagne, finement ciselée, décorée des écussons mi-partie de France et Bretagne, mi-partie de France et Dauphiné.
52. Petit drageoir en fer découpé, repoussé et ciselé, du dix-septième siècle.
53. Heurtoir de porte en fer forgé et ciselé du seizième siècle.
54. Coffret de mariage du quatorzième siècle, style allemand, en cuir ciselé, garni de poignées et de bandes en fer forgé.
55. Petit stylet italien du seizième siècle, très-finement modelé et ciselé.
56. Petit plioir aux armes de Nicolas Fouquet, surintendant des finances sous Louis XIV.

57. Petite plaque en fer repoussé, ciselé et damasquiné, très-beau style.
58. Un Amour en ivoire, de François Flamand.
59. Dessin italien de J. Procaccini, dans un cadre en bois sculpté du seizième siècle.
60. Une aumônière brodée aux armes du dauphin de France.
61. Riche écrin velours grenat, brodé en fils et tresses d'argent doré, avec perles fines, formant des arabesques du meilleur goût; époque Henri II.
62. Mouchoir en guipure du seizième siècle.
63. Nappe brodée du seizième siècle.
64. Tapisserie de la manufacture royale de Beauvais (fables de La Fontaine), d'après les cartons de J.-B. Oudry, exécutées sous sa surveillance pendant qu'il était directeur de cette manufacture, 1730 à 1755.
65. Autre tapisserie, d'après Oudry.
66. Autre tapisserie, d'après Oudry (en 1736).
67. Autre tapisserie, d'après Oudry.
68. Médaillon en terre cuite de Clodion.
69. Petit cuivre fondu et ciselé, époque Louis XVI.
70. Petites plaques d'étain, etc.

X

Tabatière émaillée sur or, appartenant à M. Doillot, et donné à un membre de sa famille, par le cardinal de Rohan, vers 1785.

XI

Collection de M. D.-J.-Ch. Fayet.

1. Triptyque toscan (quinzième siècle).
2. Bahut du seizième siècle, provenant de la famille Parisani, d'Ancône.
3. Potiche vénitienne (seizième siècle).
4. Plat italien (seizième siècle).
5. Poire d'angoisse (instrument de torture).
6. Coffret allemand (dix-septième siècle).
7. Coffret de toilette vénitien (seizième siècle).
8. Horloge, travail hollandais.
9. Plat italien au millésime de 1540.
10. Autre de 1520.
11. Morion damasquiné (seizième siècle).
12. Veilleuse à niveau constant.
13. Coffret damasquiné (seizième siècle).
14. Dante, terre cuite (seizième siècle).
15. Epée de parade aux armes des Visconti.
16. Main gauche espagnole (dix-septième siècle).
17. Autre italienne (seizième siècle).
18. Casque du doge Griti.
19. Ecusson de la famille Priuli, de Venise.
20. Plat d'Urbino, portrait de Raphaël, provenant de la vente Leblond.
21. Buste italien de la fondatrice d'un couvent de religieuses.
22. Potiche vénitienne.
23. Porte-Diplome de Docteur (dix-septième siècle).
24. Doppieri, Vénitien (dix-huitième siècle).
25. Bouclier de combat singulier (dix-septième siècle).
26. Epée de Prieur.
27. Epée provenant de l'Impruneta, représentant le siége de Troie.

XII

Objets prêtés par Mme Vve Fossey.

Jésus appelant les petits enfants à lui, bas-relief en vieux chêne.

Calvaire, bois sculpté, acquis par Jules Fossey, à la vente Bruges.

XIII

Objets prêtés par M. Guichard.

Deux vases ancien Japon, montés en bronze.

Miniatures sur parchemin du XVe siècle.

Deux petits tableaux en laque de Chine.

Deux petites figures de saints provenant du château de la reine Blanche, situé autrefois dans le faubourg Saint-Marcel, et démoli aujourd'hui.

XIV

Deux plats, poterie commune du XVIIIe siècle, appartenant à M. Hoffmann.

XV

Meubles en laque et porcelaines du Japon, appartenant à M. Husson.

XVI

Deux stores chinois, tissés en papier, appartenant à M. Lebègue, architecte.

XVII

Dieux de la Birmanie, appartenant à M. le capitaine Lemettais, de Calcutta.

XVIII

Portrait de St-Pierre en granit, peint à Rome, appartenant à M. Lubatti.

XIX

Objets prêtés par M. Ch.-St Matifat.

Un coffret Louis XIV, en bois sculpté.
Un bénitier Louis XIII, en bois sculpté.
Une figure d'enfant, en ivoire, attribuée à François Flamand.

XX

Objets tirés du cabinet de M. Mathieu Meusnier, statuaire à Paris.

OBJETS DIVERS.

1. **Peigne en bois**, sculpté à jour et orné de marqueterie d'ivoire de diverses couleurs. Travail italien du quatorzième siècle.
2. **Couteau Birman**. La lame est en damas et à gouttière. La naissance, ainsi que la gout-

tière de la lame, sont finement ciselées, recouvertes d'argent. La poignée, en bois de fer sculpté, est garnie d'or massif très-finement ciselé à jour.

3. Clef en fer ciselé. L'anneau est formé de deux chimères accolées. Travail français du seizième siècle.

4. Clef à peigne. Tige en forme de gaîne carrée, repercée à jour, rosace évidée au bas de la tige. Travail français du seizième siècle.

5. Verrou en fer repoussé Henri II. Sur la plaque, les armes de France surmontées d'une couronne royale ; au bas, le monogramme de Diane et d'Henri II ; au-dessous, les trois croissants entrelacés avec la devise : DONEC TOTUM IMPLEAT ORBEM. Travail français du seizième siècle.

6. Verrou (autre) de la fin du seizième siècle.

7. Pistolet à deux coups, canons très-courts. Le pommeau de la crosse et le bois du pistolet sont garnis d'incrustations cuivre et argent du goût le plus pur. Les garnitures en cuivre sont très-finement ciselées. Travail italien du seizième siècle.

8. Brosse. Le dessus est couvert d'incrustations très-fines nacre et cuivre. Travail français du seizième siècle.

Céramique.

Fond de la vitrine. — De gauche à droite.

9 Grand Plat de Nevers, fond blanc, décor bleu, sujets chinois.

10. **Grand Bassin** reflets métalliques, bordure à bossages. Au fond du bassin, un écusson avec un lion debout. Quinzième siècle.

11. **Grand Plat.** Dans le fond un sujet : l'Adoration des Bergers, d'après Rubens. Faïence flamande (?).

12. **Grand Plat** italien. Ornements bleus en relief, chimeres, coquilles et mascarons. Fabrique de Savone.

13. **Grand Bassin** italo-mauresque, fond jaune à reflets métalliques, décor bleu ; au fond du bassin le monogramme du Christ. Quinzième siècle.

14. **Grand Plat.** Terre brune, chargé d'ornements très-fins en or. Avignon (?). École italienne.

15. **Petit Plat** italien. Ornements en relief. Sur le marli, fleurs et fruits ; au fond, un Amour qui s'envole. Fabrique de Venise. Pâte très-légère.

16. **Petit Plat** italien, cannelé, fond bleu, décor blanc, au fond un médaillon représentant un buste de femme tenant une colonne brisée. Fabrique de Faenza (?). Seizième siècle.

17. **Grand Plat** italien, reflet métallique. Au fond du plat, un cavalier couvert de son armure, dans le genre d'Albert Durer, est en prière. Sur le marli on lit l'inscription suivante : IO MA RE CHOMA DO A DIO. Fabrique de Pesaro. Seizième siècle.

18. **Petit Plat** italien, très-creux, à larges bords. Au fond un buste de guerrier, avec inscription :

19. Gabriel da Gubio. Sur le marli, quatre armoiries différentes sur fond jaune. Faïence de Gubio. Feuillage et fleurs.

20. Plat. Faïence de Perse, décor bleu, vert et rouge, sur fond blanc.

Troisième Tablette, au-dessous du Cavalier en prière.

21. Plaque a cadre. Italienne, faïence polychrome, sur jet architectural, genre des tableaux de Canaletti, avec cette inscription : *Convento e chiesa della Madonna del orta Dei padri Ambrosiani in veneza.*

Même Tablette. — De gauche à droite.

22. Grès de Flandre. Grande canette garnie d'étain, pâte brune, médaillons, bustes avec attributs. Dix-septième siècle.

23. Aiguière de pharmacie, à anse et goulot. Sur la panse, un combat de deux cavaliers couverts d'armures; une tête de chimère sert de motif au goulot. Fabrique de Faenza.

24. Petit Pot à lait italien, paysage et architecture.
Fabrique de Castelli. Dix-septième siècle.

25. Petite Bouteille. Faïence de Delft, ornements polychromes très-fins, fond blanc.

26. Petite Bouteille. Faïence de Nevers, fond bleu lapis, décor blanc et jaune; sur la panse, un oiseau. Dix-septième siècle.

27. Grès de Flandre. Petite canette, pâte grise, ornements bleus, garniture étain.

28. Aiguière de pharmacie, semblable à la précédente pour la forme; sur la panse, un médaillon de femme. Faenza.

29. Grès de Flandre. Grande canette, pâte gris-clair, décor bleu, sujet biblique (le Bon Samaritain). Date, 1619.

Deuxième Tablette.

30. Grand Bassin rustique, faïence émaillée de Bernard Palissy.

Sur un îlot sablonneux, couvert de coquillages, s'enroule une anguille. Autour de cette espèce de banc circule un courant d'eau dans lequel nagent quatre poissons. Le rebord est couvert de plantes, de coquillages, de reptiles, de lézards et de grenouilles. Les plantes et les animaux sont teintés de leurs couleurs naturelles.

Première Tablette au bas de la vitrine.
Gauche à droite.

31. Plaque de Delft, sujet en bleu, copie de Berghem.

32. Un Pot a eau et sa cuvette, décor polychrome. Sur la panse du pot et au fond de la cuvette, deux paysages à sujets genre Watteau, en jaune. Faïence du Midi.

33. Deux Cornets, porcelaine de Chantilly, décor genre de la porcelaine de Chine, pâte tendre.

34. Ecuelle à bouillon d'accouchée, et son couvercle. Dessin Bérain très-fin polychrome. Fabrique de Moustiers.

35. Petit Plat à olives. Faïence de Hagueneau, marquée H (Hannoug).

36. Écuelle à bouillon (autre) et son couvercle, décor bleu et rouge, grotesque. Fabrique de Moustiers.

37. Gourde de chasse. Sur le devant, deux figures à mi-corps s'enlacent ; les rinceaux et le groupe sont en relief, fond gris-bleu. Faïence de Venise.

38. Porte-Huillier, faïence brune, ornements découpés à jour. Fabrique italienne.

Assiettes et Petits Plats, Saladiers.

Côté de la vitrine. — Côté gauche, *de gauche à droite.*

39. Petit Plat. Fabrique de Nevers, décor bleu.

40. Saladier, de Rouen, décor polychrome chinois

41. Assiette, de Delft, décor bleu (un navire).

42. Autre, de Delft, décor polychrome or et jaune, genre japon.

43. Autre, de Delft, décor chinois.

44. Autre, de Delft, à compartiments polychromes; au milieu des compartiments, bouquets.

45. Autre, de Delft. Sujet, un personnage, avec cette inscription : *le Chinois.*

46. Autre, de Delft, à compartiments, décor vert foncé.

47. Autre, de Delft, à sujet (un Jeu de paume). Costumes du dix-huitième siècle. Très-curieux.

48. Autre, de Delft, décor bleu, tableau, scène de l'évangile *S. Mathieu*, 20-26.

49. Petit Plat pentagone. Fabrique de Rouen, décor polychrome, fond blanc. Très-fin.

50. Assiette. Moustiers, décor polychrome, grotesque.

51. Autre. Rouen, rosace et bordure bleues sur fond blanc, très-fin de décor.

52. Autre. Delft. Imitation de Chine, très-fin,

53. Plat ovale. Moustiers, décor Bérain ombré.

Côté droit de la vitrine. — De gauche à droite.

54. Saladier. Rouen, polychrome, décor chinois.

55. Assiette. Nevers, décor bleu.

56. Autre, cannelée, faïence brune, mouchetée de blanc. Italien (?).

57. Autre, de Delft, décor bleu.

58. Autre, de Delft, compartiments bleus et bouquets

59. Autre, ou Petit Plat, de Delft, décor bleu très-riche, armoiries dans le fond.

60. Autre, de Delft, personnage avec cette inscription : *Le Marchand de Melons.*

61. Autre, de Delft, décor bleu, un Repas hollandais.

62. Autre, de Rouen, fond bleu avec bouquets polychromes.

63. Autre, de Delft, décor rouge sur fond blanc à personnages chinois, très-fine.

64. Petit Plat pentagone, de Rouen, décor bleu, très-fin, fond blanc.

65. Assiette, de Delft, décor rouge, bleu et or, genre Japon.

66. Autre, de Rouen, fond blanc, dessins bleus, très-fine, à rosace au milieu.

67. Plat ovale, de Moustiers, décor bleu et rouge; au fond du plat, à droite, un Moine marche en lisant.

VERRERIE DE VENISE.

Troisième Tablette en haut.

68. Petite Coupe profonde, à anses et à pieds, verre blanc, autour une sorte de petit serpent en verre bleu.

69. Autre, id. Le haut de la coupe est enroulé de verre jaune imitant des fils d'or.

Deuxième Tablette.

70. Petit Vase en verre, à anses, imitation de la pâte de riz de Chine.

71. Grande Coupe très-profonde, cannelée, émaillée bleu et or.

72. Coupe filigranée de verre blanc de lait, extrêmement fine.

73. Burettes (deux) filigranées de verre blanc de lait, extrêmement fines.

74. Petit Verre filigrané de blanc de lait, extrêmement fin.

75. Flambeaux (paire (de), verre coloré en jaune, argentés à l'intérieur, reflétant la couleur de l'or.

76. **Burettes** à décor verre blanc de lait, à dents.
77. **Bouteille** id.
78. **Grande Coupe** très-profonde, cannelée, émaillée bleu et or.
79. **Tasst et Soucoupe**, verre imitation d'agathe.
80. **Hanap**, verre émaillé or, blanc et bleu, pied bleu.
81. **Plateau**, verre gravé, blanc.

XXI

Objets prêtés par M. Millaud.

Une réduction de la colonne Vendôme, bronze.
Une table ronde, ornée d'une mosaïque très-fine, représentant le triomphe de l'Amour, et signée : *G. Barberi f* 1828.
Autre table carrée, ornée de mosaïques.
Un bas-relief en ivoire, sujet mythologique école flamande.
Andromède attachée au rocher, ivoire.
Un vase en bronze viel argent, style du Consulat.

XXII

Objets prêtés par M. le duc de Morny.

Un plat italien (émaillé sur argent).
Un plat vénitien (cristal de roche gravé).
Le maréchal de Saxe, terre cuite, par Nicolas Coustou.
Polyphème, terre cuite.

XXIII

Une figure d'enfant, vieux bois, appartenant à M. Pull.

XXIV

Collection de M. Patrice Salin.

1. Un cadre contenant deux panneaux, pape et évêque sur fond or.
2. La Vierge aux Cerises, de Cosmo Juri (peintre ferrarais du quinzième siècle).
3. Un plat Moustiers. Chasse d'après Tempesta, 56 centimètres.
4. Un plat italien à oves. Terre émaillée gris et vert, 44 cent.
5. Un plat italien à reflets. Tête casquée, 39 cent.
6. Un plat Nevers (genre italien). Martyre de sainte....., 47 cent.
7. Un plat italien à rehauts d'or (deux personnages), 22 cent.
8. Un plat italien creux à reflets, 21 cent.
9. Deux assiettes Delft. Dessins Japon, rehauts d'or, 24 cent.
10. Deux assiettes Delft, bleues, l'une 23 cent., l'autre, signée Roos, 25 cent.
11. Deux assiettes Rouen. Chevaux ailés lançant de l'eau, 25 cent.
12. Quatre assiettes Rouen, rouge et bleu (dessin très-riche), 24 cent.
13. Deux assiettes Rouen (dessins chinois très-riches), 23 cent.
14. Deux assiettes Marseille, 24 cent.

15. Une assiette Marseille, de Savy (genre Strasbourg), 23 cent.
16. Un plateau Nevers, craquelé : dessins bleus, 22 cent.
17. Deux plaques Delft. Fumeurs et joueurs de trictrac (octogones cannelés) ; dessins bleus, 26 sur 23 cent.
19. Une verrière faïence, de Joseph Hanong, portant le monogramme de l'auteur et le n° 548.
20. Un gueulard Moustiers à anse.
21. Une tasse d'accouchée, italien.
22. Deux carafes, côtes à gaudrons.
23. Un verre gravé et couvercle (le prince Eugène de Savoie à cheval).
24. Un verre gravé et couvercle, à anse, 1736.
25. Un pot en verre, à syphon.
26. Une épée à coquille italienne, galerie retombante.
27. Une épée à coquille, à vermicelle.
28. Une fontaine Moustiers, de Olery.
29. Grotesques dans le genre de Callot.

Tableaux.

ÉCOLE D'ALBERT DURER. L'Empirique.
ÉCOLE ALLEMANDE, XVe SIÈCLE. Une sainte Famille.
ÉCOLE HOLLANDAISE. Portrait d'un grand pensionnaire de Hollande.

ATTRIBUÉS A PORBUS.
- Petit portrait de femme, panneau (Marguerite de France?).
- Portrait de femme, toile (Gabrielle d'Estrée ? C^sse^ de Verneuil?).

François Hals. un portrait de femme.

Un tableau représentant :

Philippe II.
Jeanne, sa sœur.
Marie de Portugal, sa femme,
Et don Carlos enfant.

Six épées :

1 à coquille.
4 cuillères à pot.
1 à carrelet.

Une assiette de noix.
Un plateau d'olives.
Une soupière italienne, dessins bleus.
Deux pots de pharmacie, 1524.
Un plat à reflets métalliques.
Un plat italien d'Urbino. Tête casquée, bords à oves.
Un plat Rouen polychrome.
Un plat Rouen à rôti.
Un saladier de Nevers, 1734. L'arbre d'amour.
Deux assiettes Strasbourg.
Deux assiettes Moustiers, dessins bleus.
Une assiette Delft, compartiments bleus à corbeilles.
Une assiette Delft, camaieu bleu de Justus Brouver.
Une mule, faïence de Rouen.

XXV

Armoire Louis XV, appartenant à M. Ernest Vichot, composée et exécutée pour Louis-Jean-Marie de Bourbon, duc de Penthièvre, par Antoine Vassé, sculpteur du roi et de son académie de peinture et de sculpture, auteur de la galerie dorée de la Banque de France.

XXVI

Objets prêtés par M. le comte Horace de Viel-Castel.

Six Tapisseries, représentant les chasses de Charles-Quint.

Un écran en tapisserie.

ADDITION AU SUPPLÉMENT

EXPOSANTS NOUVEAUX.

II

24 bis **Bonheur** (Isidore), sculpteur, né à Bordeaux (Gironde), élève de Raymond Bonheur, son père.

Rue Carnot, 3.

Portrait de Rainbow, bronze, commencé par M. le comte de Beaurepaire et fini par M. I. Bonheur.

XI

253 bis **Pommerette** frères, décorateurs sur porcelaine.

Rue Royale-Saint-Honoré, 8.

Porcelaines et faïences d'art.

XVII

317 bis **Sax** (Adolphe), ❋

Council medal, 1851, Londres —Grande méd. d'honneur, 1855, Paris. — méd. 1862. Londres.

Rue Saint-Georges, 50.

Instruments à vent et à percussion, de cuivre et de bois. Instruments nouveaux.

MUSÉE RÉTROSPECTIF

XXVII

Le *nid*, groupe en terre cuite, de Jean Feuchères. appartenant à M. le docteur Bouland.

XXVIII

Objets prêtés par M. le comte de Saint-Seine.

Faïences persannes anciennes.
Armes persannes et arabes.

XXIX

Armes à feu anciennes, appartenant à M. Peupin.

TABLE

DU

SUPPLÉMENT

TABLE

DU

SUPPLÉMENT

Numéros

Geffroy et Rosset, orfèvres................ 216 bis.

Guillot (Claude), peintre................ 91 bis.

Guillot (Edouard), peintre)............... 91 ter.

Hangard-Maugé, imprimeur lithographe. (Voir au Catalogue, nº 413 bis.)

Hugot (Charles-Edouard), artiste peintre-décorateur.......................... 94 bis.

Jaugey, peintre-graveur................. 350 bis.

Laffon, photographe..................... 402 bis.

Laine, fabricant de petite orfèvrerie........ 328 bis.

Lepayen, fabricant de poupées articulées.... 329 bis.

Lœbnitz, faïence ingerçable pour poêles et cheminées.............................. 248 bis.

Marlé, photographe...................... 404 bis.

Marquier, photo-lithographe............... 388 bis.

Mary, ébéniste......................... 155 bis.

Mulnier, photographe.................... 407 bis.

Pommerette, porcelaines et faïences d'art. (Voir *l'addition au Catalogue*, page 123.)

Pull, faïences d'art...................... 254 bis.

Sax (Adolphe), fabricant d'instruments de musique............................. 317 bis.
(Voir *l'Addition au Catalogue*, page 123).

Scholtus, fabricant de pianos.............. 317 ter.

Susse frères, fabricants de bronzes d'art.... 201 bis.

Thiboust jeune (Edmond-Lambert), chemins de la Croix.......................... 284 bis.

Thiboust jeune et Cie, photographes. (Voir au Catalogue, nº 411 bis.)

Vollet (*feu* Louis), dessinateur pour l'ameublement............................ 122 bis.

Anc Mon Bérard. — Seringe Frès et Poitevin, place du Caire, 2
[illegible], r. Damiette

www.ingramcontent.com/pod-product-compliance
Ingram Content Group UK Ltd.
Pitfield, Milton Keynes, MK11 3LW, UK
UKHW020316180726
13839UKWH00001B/478

9 782329 496726